创新型大学生素质教育精品教材

互联网+教育改革新理念教材

社交礼仪

（第2版）

主审　陈明华
主编　周怀文　丁兰华　马　野

航空工业出版社
北　京

内 容 提 要

本书主要介绍了社交礼仪的相关知识及其应用。全书共分为 7 个项目，内容包括社交礼仪概述、个人形象礼仪、日常交往礼仪、公共礼仪、校园礼仪、宴请礼仪和职场礼仪。本书采用“项目一任务”的教学模式，每个项目均包括项目导读、学习清单、礼行天下、知礼明礼和知礼善用五个模块。本书在编写时既注重基础知识的讲解，也注重学生实际操作能力的培养，以期使学生在掌握社交礼仪的基本知识后，能够将其应用到不同的社交活动中。

本书可作为各类院校各专业学生的礼仪规范教材，也可作为广大读者提高礼仪素质的参考用书。

图书在版编目（C I P）数据

社交礼仪 / 周怀文，丁兰华，马野主编. -- 2 版. -- 北京 : 航空工业出版社，2021.11（2022.7 重印）
ISBN 978-7-5165-2793-1

Ⅰ. ①社… Ⅱ. ①周… ②丁… ③马… Ⅲ. ①社交礼仪－高等职业教育－教材 Ⅳ. ①C912.11

中国版本图书馆 CIP 数据核字(2021)第 263533 号

社交礼仪（第 2 版）
Shejiao Liyi（Di-er Ban）

航空工业出版社出版发行
（北京市朝阳区京顺路 5 号曙光大厦 C 座四层　100028）
发行部电话：010-85672663　　010-85672683

北京鑫益晖印刷有限公司印刷　　全国各地新华书店经售
2021 年 11 月第 1 版　　2022 年 7 月第 2 次印刷
开本：880×1230　　1/16　　字数：348 千字
印张：11.5　　定价：49.80 元

前言

PREFACE

礼仪是人类文明和社会进步的重要标志，是人们进行社会交往的必备条件。孔子曾说：“不学礼，无以立。”礼仪从形式上来说是一种外在的行为规范，从内容上来说是一种精神气质，是一个人内在素质的外化表现。我们作为社会中的一员，每天都在和别人进行交往。在交往过程中，如何给对方留下一个好印象，如何与他人友好相处，如何才能在竞争中脱颖而出，获得理想的职位，如何在事业中获得成功……这些目标的实现，都离不开社交礼仪的恰当运用。

因此，我们根据国家对礼仪课程的要求，精心编写了本书。希望学生通过学习本书，能够塑造举止得体、文明礼貌的形象，获得成功进入现代社会的礼仪通行证。

具体来说，本书主要具有以下特点。

1 立德树人，启智润心

本书注重将立德树人的教育理念贯穿知识学习中，通过在正文中穿插“明礼敬贤”“青春风采”“匠心坚守”“嘉言善行”等体例，将能够体现工匠精神、奉献精神、责任意识、节约美德、诚信美德等的内容有机融入教材，以实现“润物细无声”的教育效果，引导学生全面提升自己的综合素养。

2 全新形态，全新理念

本书切实践行“以学生为主体，以教师为主导，以能力为根本”的教育理念，按照“必需、够用、兼顾发展”的原则组织内容。本书采用“项目—任务”的教学模式，将每个项目分为项目导读、学习清单、礼行天下、知礼明礼和知礼善用五个模块，注重学生从意识到技能、从规范到习惯、从行为到成就的引导、启发、养成、修炼。同时，安排了形式多样的课堂互动和实践任务，增强了教材的互动性、探究性及创新性，能促进学生积极思考、学以致用。

3 平台支撑，资源丰富

本书在讲解礼仪知识（如化妆技巧、领带打法、仪态礼仪等）时，配备了微课视频，学生通过扫描书上的二维码，即可获取相关知识。此外，学校还可借助文旌综合教育平台“文旌课堂”（www.wenjingketang.com）管理校本课程，教师可借助该平台管理各种教学资源（如教学课件、微课视频等）、布置作业、组织考试，学生可借助该平台阅读课外资源、提交作业、进行线上练习、参加考试等。师生在教与学的过程中有任何疑问，都可以登录该平台寻求帮助。

4 内容全面，讲解精练

本书从社交礼仪概述、个人形象礼仪、日常交往礼仪、公共礼仪、校园礼仪、宴请礼仪和职场礼仪七个方面全面介绍了社交礼仪的相关知识。在讲解时，淡化了学科和理论色彩，着力介绍了各种礼仪的基本要求和行为规范，叙述语言精练，言之有物。

5 图文结合，版式生动

本书采用图文结合的讲解方式，还在正文中穿插设有“礼仪知识窗”“礼仪故事屋”“礼仪互动吧”“礼仪小贴士”等模块，版式生动活泼，能有效地避免枯燥乏味的纯理论教学，充分调动学生的积极性。

在编写过程中，我们参阅了大量有关礼仪的资料和教材，在此，对这些资料和教材的作者和编者表示衷心的感谢。由于编者水平有限，书中存在的疏漏与不当之处，敬请各位专家和广大读者批评指正。

本书编委会

主　审　陈明华

主　编　周怀文　丁兰华　马　野

副主编　张海花　肖六姣　汪楚凡

吴丽萍　窦　娜　焦雨梅

目录

CONTENTS

项目一

以礼待人，畅通社交之路——社交礼仪概述

项目导读

“人无礼不生，事无礼不成，国无礼不宁”，讲究礼仪能使人际关系更为和谐，能让社会生活更有秩序。当前企业在人才招聘和筛选上不仅看重技能水平和学习成绩，也非常重视求职者的素质和修养。因此，加强礼仪学习，掌握必要的礼仪知识，是我们每一个人今后走向成功之路的必要前提。本项目将对礼仪和社交礼仪的基础知识进行介绍。

学习清单

完成一项学习任务后，请在对应的方框中打钩。

课前预习	□	1．准备学习用品，预习课本知识
	□	2．回想自己在生活中用到的礼仪，思考礼仪在人际交往中的重要性
	□	3．通过网络了解我国古代的礼仪，搜集礼仪故事
课中学习	□	1．理解礼仪的概念，了解礼仪的起源和发展
	□	2．理解社交礼仪的概念，了解社交礼仪的特征
	□	3．熟悉社交礼仪的内容及功能
实践练习	□	1．积极、认真地参与实践活动
	□	2．通过此次活动，掌握资料收集的技巧，提升自身的语言表达能力

礼行天下

问路

一个年轻人坐车去青海湖风景区旅游。天气炎热，他下车后走了很久还没到达目的地，且不知道自己距目的地还有多远。而这时，他已经感到口干舌燥、筋疲力尽。于是，他向从远处走来的一位老人问路："喂，这里离青海湖还有多远呀？"老人冷冷地回了两个字："无礼。"年轻人一听，心想：只有五里路了，再加把劲儿就到了。于是，他打起精神快速向前走去。

结果，这个年轻人走了好几个五里，仍不见青海湖的踪影，于是恼怒地骂起了那位老人。

问题

老人为什么没有告诉年轻人到青海湖的距离？年轻人的哪些做法有失礼仪？

知礼明礼

任务一 了解礼仪

一、礼仪的概念

礼仪是指人们在社会交往中共同遵守的表示尊重、友好的行为规范和准则。礼仪作为一种行为规范，体现着对他人的敬意与尊重，要求人们自觉遵守社会公共道德，自觉尊重他人和自己，自觉平等待人，自觉真诚守信，自觉注重仪表、谈吐等。

礼仪的内容非常丰富，具体表现在礼貌、礼节、仪表、仪式等方面。其中，礼貌是指人们在交往过程中表示敬重、友好的具体行为，如尊老爱幼；礼节是指人们在交往过程中表示尊重、问候、祝愿等的惯用形式，如握手等；仪表是指人的容貌、服饰、姿态等；仪式是指在特定场合举行的具有特定程序的活动，如开业仪式等。

二、礼仪的起源和发展

扫一扫

礼仪之邦

（一）礼仪的起源

礼仪是人类文明的产物。从理论上讲，礼仪起源于为了维护秩序，避免发生矛盾和冲突的一种需要。人类为了生存和发展，不得不以群居的形式生活在一起。在群居生活中，群居成员之间的关系必须妥善处理，如如何进行劳动分工、如何分配食物等，由此产生了一系列的规则。这些由人们逐步积累和自然约定出的一系列规则，就是最初的礼仪。

从具体形式上讲，礼仪起源于原始社会中晚期的祭祀活动。这些活动是严格按照一定的程序和方式进行的。在历史发展中，这些活动中相应的规范和制度逐步完善，并最终产生了祭祀礼仪。随着对自然与社会关系认识的逐步深入，祭祀礼仪已不能满足人类日益发展的精神需要和现实关系调节需要。于是，人们将事神致福活动中的一系列行为扩展到了各种人际交往活动中，进而产生了社会各领域的各种礼仪。

礼仪知识窗

握手礼的由来

在刀耕火种的时代，人类的祖先依靠群居打猎生存，到处都充满着危险。当不同部落的人相遇时，为了表示善意和友好，一方会向另外一方伸出一只手，且手心向上，以此表示自己手中没有石头或武器，而另外一方若也心怀善意，则会走上前摸摸对方伸出的手，以示友好。这种源于安全交往的需要而产生的动作沿袭下来，便发展成了今天的握手礼。

（二）礼仪的发展

从历史发展的脉络看，礼仪在中国的演变经历了 6 个阶段，即萌芽与草创时期、形成时期、发展与变革时期、强化与衰落时期、现代礼仪时期和当代礼仪时期。

1．萌芽与草创时期

原始社会中晚期至公元前 21 世纪是礼仪的萌芽与草创时期。这个时期内，人类逐渐开化，并在群居生活中逐步积累和约定出一系列规则，进而促进了原始礼仪雏形的形成。例如，当时的人们已经注意到尊卑有序、男女有别，在席位安排上，长辈在上、晚辈在下，男子在左、女子在右等。

2．形成时期

夏、商、西周时期（公元前 21 世纪至公元前 771 年）是礼仪的形成时期。这个时期内，周朝五礼（即吉礼、凶礼、军礼、宾礼、嘉礼）的确立代表着礼仪的基本形成。吉礼是指祭祀之礼，凶礼是指丧葬礼仪，军礼是指阅兵、出师等仪式，宾礼是指诸侯对天子的朝觐及诸侯之间的会盟等礼节，嘉礼是指婚礼、冠礼、饮食之礼、庆贺之礼等。

3．发展与变革时期

春秋与战国时期（公元前 771 年至公元前 221 年）是礼仪的发展与变革时期。这个时期内，周朝的传统礼制出现了“礼崩乐坏”的局面，新的礼仪理论在孔子、孟子、荀子等思想家的推动下发展、革新。

4．强化与衰落时期

从秦、汉朝至清朝末年（公元前 221 年至 1911 年）是礼仪的强化与衰落时期。这个时期的前期，尊君抑臣、尊夫抑妇、尊父抑子、尊神抑人的礼仪得到了强化；后期，随着清王朝政府的腐败和西方礼仪的传入，古代礼仪盛极而衰。

5．现代礼仪时期

从辛亥革命以后至中华人民共和国建立（1911 年至 1949 年）是我国的现代礼仪时期。这个时期内，旧礼破新礼立，现代礼仪的帷幕被正式拉开，握手礼在中国逐渐流行。

6．当代礼仪时期

中华人民共和国建立至今是我国的当代礼仪时期。这个时期内，我国的礼仪得到了全新的发展，各种礼仪逐渐规范并趋于完善。

任务二 了解社交礼仪

一、社交礼仪的概念

社交礼仪是指人们在人际交往活动中，用于表示尊重、友善的行为规范和准则。人际关系是通过人与人之间的交往和联系表现出来的，这些交往和联系要想得以正常进行，就需要用一定的行为规范来调节。社交礼仪正是在这种情况下产生的。随着社会的发展，社会成员的文明程度不断提高，讲究礼仪、注重礼貌，更是成为人们日常生活中必不可少的内容。

二、社交礼仪的特征

社交礼仪具有规范性、传承性、共同性、差异性、针对性和发展性等特征。

（一）规范性

社交礼仪是一种约定俗成的行为规范，是人们衡量他人是否敬人、判断自己是否自律的标准。它约束着人们在各种交际场合的言谈举止，使人们的行为合乎成规。

（二）传承性

社交礼仪是人们在长期的生活和交往中，不断地弃旧扬新，传播、继承下来的，它保留了民族传统文化的本质内容，具有相对的稳定性。例如，尊老敬贤、婚嫁回门、幼儿抓周等都是我国的传统礼仪习俗，至今仍深深影响着人们的思想和行为。

（三）共同性

社交礼仪是在人们共同生活的基础上形成的，集中反映了一定范围内人们共同的文化心理和生活习惯，因而能在一定范围内得到人们的共同认可和普遍遵守。

（四）差异性

礼仪是以一定的社会文化为基础的，因而不同文化背景孕育出的社交礼仪在内容和形式上均具有一定的差异。例如，不同民族的人们行见面礼的形式多种多样，有的拥抱，有的握手，有的双手合十，有的手抚胸口等。

（五）针对性

针对性是指根据不同的社交对象、场合和时间，运用相应的礼仪规范。例如，同样是握手，但握手的方式却男女有别。男士与男士行握手礼，双方都可主动一些；但如果一方是女士，则应等女士先伸出手，男士才能伸手与之相握，而不能过于主动，否则会显得唐突。

（六）发展性

社交礼仪会随着时代的进步而不断发展和完善。例如，随着手机的广泛使用，人们逐渐采用微信、电子贺卡等形式来发送节日的问候与祝福，因而产生了通信礼仪，这就是社交礼仪不断发展的具体表现。

三、社交礼仪的内容

社交礼仪的内容主要包括个人形象礼仪、日常交往礼仪、公共礼仪、校园礼仪、宴请礼仪和职场礼仪6个方面。

（一）个人形象礼仪

个人形象礼仪是指人们塑造外在形象和提升内在气质的礼仪规范，主要包括仪容礼仪（如头发、面容的修饰等）、着装礼仪（如西装或套裙的选择与搭配、佩饰的选用等）和仪态礼仪（如站姿、坐姿、走姿、蹲姿、表情、手势等）。

（二）日常交往礼仪

日常交往礼仪是指人们在日常生活中与他人沟通、交往时应遵守的礼仪规范，主要包括见面礼仪（如称呼、介绍、名片、握手方面的礼仪）、交谈礼仪（如交谈的原则、话题、态度、语言、技巧等）、电话礼仪（如拨打电话的礼仪、接听电话的礼仪等）、拜访礼仪（如拜访的准备和过程等）、接待礼仪（如接待准备、迎候、乘车、引导、待客座次、奉茶等方面的礼仪），以及馈赠与受赠礼仪。

（三）公共礼仪

公共礼仪是指人们置身于公共场合时应遵守的礼仪规范，主要包括出行礼仪（如行路、乘坐公共交通工具、驾车方面的礼仪）和公共场所礼仪（如宾馆礼仪、影剧院礼仪、观赛礼仪、医院礼仪、公园游玩礼仪等）。

（四）校园礼仪

校园礼仪是指学生在校园内与他人进行交往时应遵守的礼仪规范，主要包括与教师交往的礼仪（如课堂礼仪、办公室礼仪等）、与同学交往的礼仪（如宿舍礼仪、同学间借用钱物的礼仪等），以及校园公共场所礼仪（如图书馆礼仪、食堂礼仪、大会或典礼礼仪等）。

（五）宴请礼仪

宴请礼仪是指人们在置办或参加各种宴会（如中餐、西餐、自助餐等）时应当遵守的礼仪规范，主要包括宴请的准备与程序礼仪、中式宴请礼仪（如桌次与座次礼仪、餐具使用礼仪、就餐礼仪、饮酒礼仪等）、西式宴请礼仪（如座次礼仪、餐具摆放与使用礼仪、就餐礼仪等）和自助餐会礼仪。

（六）职场礼仪

职场礼仪是指人们在职业场所中应当遵守的一系列礼仪规范，主要包括求职与面试礼仪、办公室礼仪（如办公室环境礼仪、办公室言谈礼仪、同事关系礼仪等）、会议礼仪（如主办方礼仪、主持人礼仪、发言者礼仪等）和仪式礼仪（如签字仪式礼仪、开业仪式礼仪和剪彩仪式礼仪等）。

四、社交礼仪的功能

社交礼仪之所以被提倡，并受到普遍重视，是因为它具有塑造形象、沟通信息、协调关系等方面的重要功能。

（一）塑造形象

社交礼仪能够帮助人们从仪容、仪表、举止、谈吐等各个方面塑造个人形象，使人们衣着整洁、谈吐得体，展现出良好的教养和优雅的风度，进而给交往对象留下良好印象。

（二）沟通信息

社交礼仪能够帮助人们在社交活动中通过服饰、言语、行为、表情等，更好地向交往对象表达自己尊重、敬佩、友好、善意等的情感信息，打开人际沟通的心理通道，增进彼此之间的了解和信任。例如，人们通过递送名片来介绍自己，通过馈赠礼品来沟通感情等。

（三）协调关系

社交礼仪倡导人们按照礼仪规范行事，让人们在以礼待人的前提下相互了解、相互合作，有助于协调人际关系，创造和谐、温馨的人际环境。

明礼敬贤 MINGLIJINGXIAN

白花凌空绽放　银练寄托追思

2021年9月30日是我国第八个烈士纪念日。为缅怀革命先烈、弘扬英雄精神，参加中国航展的空军“八一”飞行表演队和空军航空大学“红鹰”表演队，分别驾驶歼-10、教-8表演机，以低空通场和拉白色烟带的空中礼仪方式，向革命先辈和英烈致敬。

珠海上空，万里无云。11时11分，“八一”飞行表演队率先出场。伴随着发动机的轰鸣，6架歼-10在空中完成队形变换，以大箭形编队直奔苍穹。转眼间，6架歼-10喷吐着白色的烟雾，时而向下开花，组成一朵白色的牵牛花悬挂在天际；时而天女散花，组成朵朵白色的小花凌空绽放。这白色的小花是一种思念，寄托着空军官兵对革命先烈的敬仰追思；这白色的牵牛花更像是一支号角，承载着空军官兵赓续英雄血脉的凌云壮志。“八一”飞行表演队的李队长说：“今天是我国第八个烈士纪念日。在这个特殊的日子，我们采用这种表演方式，向那些为国捐躯的英烈忠魂致敬。”

航展观礼台前，空军航空大学“红鹰”表演队驾驶8架教-8从机场跑道一端低空呼啸而来，以低空通场的空中最高礼节掠过观礼台。同时，8道白色的烟带喷吐而出，那道道白色的烟带仿佛为烈士敬献花篮的缎带，寄托着空军将士对烈士的追思。走下战机，空军航空大学“红鹰”表演队队长张立斌介绍，用白色烟带进行飞行表演，既营造出庄严肃穆的节日氛围，又体现了震撼的飞行效果，展现了空军官兵矢志空天、捍卫国家领空安全的坚定信心。

知礼善用

泱泱中华，礼仪之邦——文明故事大家谈

任务描述

中国自古就以礼仪之邦著称于世，在五千年的历史长河中不乏被后世津津乐道的礼仪故事。

请同学们搜集一至二则我国古代有关文明礼貌的佳话，与其他同学进行分享。同时，搜集一些因失礼行为造成不良后果的故事或事例，或者自己在日常交往中失礼于人的亲身经历，然后就学习礼仪的重要性与其他同学进行讨论。

任务准备

通过互联网或学校图书馆搜集与礼仪相关的故事或事例；回想自己的有关经历，并进行记录。

任务实施

开展实践活动，并将具体实施情况记录在表 1-1 中。

表 1-1　实施情况记录表

时间安排	实施步骤
	1．通过互联网或学校图书馆搜集与礼仪相关的故事或事例，并将其记录在下方（也可打印出来，粘贴在下方） ① 我国古代有关文明礼貌的佳话。 ② 因失礼行为造成不良后果的故事或事例（或是自己在日常交往中失礼于人的亲身经历）。

表 1-1（续）

时间安排	实施步骤
	2．与其他同学进行分享 （讲述故事或事例时，要发音清晰、表述准确，同时注意节奏，必要时可配以动作，以使人有身临其境之感。）
	3．与其他同学讨论学习礼仪的重要性，并将自己的感悟写在下方

评价反馈

活动结束后，配合指导教师完成如表 1-2 所示的考核评价表。

表 1-2　考核评价表

项目名称	评价内容	分值	评价分数		
			自评	互评	师评
知识、技能考核（60%）	能够灵活运用各种渠道搜集相关资料	10			
	所搜集的故事或事例符合活动主题，且具有一定的教育意义	15			
	讲述故事或事例时，逻辑清晰，表述准确，声音抑扬顿挫	20			
	能够正确认识礼仪的重要性	15			
综合素质考核（40%）	积极实施任务	10			
	具有良好的语言表达能力	15			
	善于分析、总结与反思	15			
合计		100			
总评	自评（20%）+互评（20%）+师评（60%）=	教师（签名）：			

拓展阅读

《新时代公民道德建设实施纲要》印发

2019年10月27日，中共中央、国务院印发了《新时代公民道德建设实施纲要》（以下简称《纲要》），并发出通知，要求各地区各部门结合实际认真贯彻落实。

《纲要》的总体要求中提到“要把社会公德、职业道德、家庭美德、个人品德建设作为着力点。推动践行以文明礼貌、助人为乐、爱护公物、保护环境、遵纪守法为主要内容的社会公德，鼓励人们在社会上做一个好公民；推动践行以爱岗敬业、诚实守信、办事公道、热情服务、奉献社会为主要内容的职业道德，鼓励人们在工作中做一个好建设者；推动践行以尊老爱幼、男女平等、夫妻和睦、勤俭持家、邻里互助为主要内容的家庭美德，鼓励人们在家庭里做一个好成员；推动践行以爱国奉献、明礼遵规、勤劳善良、宽厚正直、自强自律为主要内容的个人品德，鼓励人们在日常生活中养成好品行”。

同时，《纲要》在“推动道德实践养成”中提到“充分发挥礼仪礼节的教化作用。礼仪礼节是道德素养的体现，也是道德实践的载体。要制定国家礼仪规程，完善党和国家功勋荣誉表彰制度，规范开展升国旗、奏唱国歌、入党入团入队等仪式，强化仪式感、参与感、现代感，增强人们对党和国家、对组织集体的认同感和归属感。充分利用重要传统节日、重大节庆和纪念日，组织开展群众性主题实践活动，丰富道德体验、增进道德情感。研究制定继承中华优秀传统、适应现代文明要求的社会礼仪、服装服饰、文明用语规范，引导人们重礼节、讲礼貌”。

项目二

形象制胜，尽显个人魅力——个人形象礼仪

项目导读

在现代社会，个人形象已成为参与社交活动的“通行证”。整洁的仪容仪表、得体的言谈、高雅的举止、良好的气质风度，往往会给交际对象留下深刻而又美好的印象，从而使双方建立起友谊和信任关系，实现社交的目标。本项目主要介绍个人形象礼仪知识，具体包括仪容礼仪、着装礼仪和仪态礼仪。

学习清单

完成一项学习任务后，请在对应的方框中打钩。

课前预习	□	1．准备学习用品，预习课本知识
	□	2．通过网络了解仪容礼仪、着装礼仪和仪态礼仪的相关知识
	□	3．回想自己在生活中的穿衣打扮及行为举止是否得体，是否有失礼之处
	□	4．询问身边的同学、朋友、教师等，了解他们对自己穿衣打扮及行为举止的看法
课中学习	□	1．熟悉头发、面部、手部的修饰
	□	2．了解着装的基本原则，熟悉男士着装、女士着装的相关知识
	□	3．掌握站姿、坐姿、走姿、蹲姿、表情和手势礼仪
实践练习	□	1．积极、认真地参与实践活动
	□	2．能够根据所学知识，进行面部修饰，并为自己选择合适的衣服、配饰等
	□	3．在仪态训练中，能够掌握站姿、坐姿、走姿、蹲姿的动作要领，能够正确运用表情和手势礼仪
	□	4．在活动中，与同学协调配合，提高人际交往能力

礼行天下

失败的商谈

某灯具厂的业务员张先生按计划到鸿运贸易公司商谈业务。他带着灯具样品到达鸿运贸易公司后，大汗淋漓地走进业务部王经理的办公室。王经理放下手中的工作，双手接过灯具样品，请张先生入座，并让秘书为其倒上一杯茶，然后开始仔细研究灯具样品并随口赞道："好漂亮啊！"

张先生见王经理对新产品如此感兴趣，感觉如释重负，便往沙发上一靠，跷起二郎腿，脚尖指向王经理，一边吸烟一边悠闲地环视王经理办公室里的布置。当王经理提出关于灯具的设计和价格问题时，张先生习惯性地一边挠头皮一边解释，并不由自主地拉松领带，眼睛直盯着王经理。王经理皱了皱眉头，托词离开了办公室，留下了张先生一个人。过了一会儿，王经理的秘书走进办公室，告诉张先生业务商谈取消。

问题

张先生计划的商谈为什么会被取消？在与王经理相处的过程中，张先生有哪些失礼之处？

知礼明礼

任务一　熟悉仪容礼仪

仪容通常是指人的外观、外貌，它是由发型、面容及人体未被服饰遮掩的肌肤（如手部、颈部等）组成的。在人际交往中，自然健康、整洁端庄的仪容能给交际对象留下美好的第一印象，从而为双方进一步交谈创造良好的开端。

一、头发的修饰

（一）头发的护养

为了保持头发整洁、健康、无异味，应做好头发的护养工作，具体包括头发的清洗、护理和梳理。

1. 头发的清洗

保持头发卫生、健康最主要的方法就是清洗头发。通常，每2～3天就应当清洗一次。清洗头发时，应注意以下事项：

- **水温**：宜选用40℃左右的温水，切勿用过冷或过热的水冲洗头发，否则会洗不净油脂或损害发丝。
- **洗发剂**：宜选用适合自己发质的洗发剂。人的发质大致可分为中性、干性和油性三种，可按照洗发剂外包装上的说明选择与自己发质相符的产品。

- **清洗手法：**清洗头发时，应用双手的指腹打圈按摩头皮，而不要用指甲抓挠头皮。
- **干燥方法：**湿发最好自然晾干。若使用吹风机吹干头发，则应使吹风机与头皮保持一定的距离，使头发温度不会过高，并且应尽量缩短使用时间，以免损伤头发。

2. 头发的护理

- **按摩头部：**每次洗发前后，可按摩头皮数分钟，以促进头发生长，防止或减少脱发。按摩时，将十指分开，从前向后环状揉动头皮，反复多次。
- **使用护发剂：**洗完头发后，应注意使用发乳、发油等护发剂为头发补充营养，使头发保持柔软、亮泽并富有弹性。但使用护发剂不能太过频繁，每周 1～2 次较为合适。

3. 头发的梳理

梳理头发可以促进头部的血液循环，并使头发整齐美观。梳理头发时应注意以下事项：

- **梳理工具：**应选用专用的头梳等工具梳理头发，而不宜用尼龙梳子梳头。用尼龙梳子梳头容易起静电反应，导致毛发脱落。
- **梳理方法：**梳理头发时，让梳子与头发形成一定角度，然后用适度的力量朝某一个方向做重复运动，以促进头部血液循环。每次梳头 25～50 下，动作不要太快，用力要均匀适度，以免拉伤头发。
- **梳理场合：**梳理头发应在私密场合进行，切勿在公共场合进行，否则有失礼仪，影响个人形象。

（二）头发的修剪

修剪头发是保持头发整洁、美观的重要途径。头发要定期修剪，尤其是短发，每月应修剪 1～2 次，留长头发的女士应将枯黄、开叉的发梢剪掉，以保持头发的美观。

（三）发型的选择

选择发型时，除了考虑个人品位和流行时尚等因素之外，还应综合考虑自身的脸型、体型、年龄、服饰、职业等因素。

1. 发型与脸型协调

与脸型相配的发型不仅可以扬长避短地修饰脸型，而且还能增强发型的整体美感。

- **椭圆脸型：**是一种比较标准的脸型，很多发型都适合，并能达到很和谐的效果，最好的做法是露出额头，不要留刘海。
- **圆脸型：**适合较多发型，但切记不要中分，刘海尽量与旁边的头发连成一线，使脸部线条利落有型即可。
- **菱形脸型：**是一种颧骨高宽的脸型，做发型时应重点考虑颧骨突出的地方，可用头发修饰一下前脸颊，同时把额头头发做蓬松，拉宽额头发量，但不要打薄。
- **三角脸型：**做发型时应加宽前额部，收紧下轮廓，比较适合中长发型。
- **方脸型：**是一种较刚毅的脸型，缺乏柔和感，做发型时应注意适当露出颧骨，增加脸部的立体感，并旁分或将上方头发梳高来增加脸长；宜留长直披发，不宜留短发。
- **长方脸型：**做发型时应尽量避免把脸部全部露出，可留刘海，上端发型以卷发为佳，同时尽量使两边头发有蓬松感，并利用发饰来转移他人的视线重心；不宜留长直发。

2. 发型与体型协调

发型会对体型的整体美产生极大的影响，不同体型的人在选择发型时，应注意以下几点：

- **高大、强壮型的人：**应选择显得大方、洒脱的发型，以避免给人笨重、迟钝、呆板、生硬的印象。

高大、强壮的女士一般以短直发为好，也可选择大波浪卷发，显得大方、自然。

- 高瘦型的人：适合留长发、直发和大波浪卷发，可适当增加一些发型的装饰物；不宜留很短的发型或盘高发髻，否则会给人更加瘦长的感觉。
- 矮小型的人：适合留短发或将头发盘高于头顶，以便利用他人的视觉偏差给自己增加高度；不宜留长发或粗犷、蓬松的发型，那样会让自己显得更加矮小。
- 矮胖型的人：应选择轻便的运动式发型或将头发高高盘起露出脖子，以便从视觉上增加高度；不宜留披肩发，也不可将头发烫得过于蓬松，这样会让自己显得更胖。

3. 发型与年龄协调

发型可反映一个人的精神状态，为自己选择发型时，要与自己的年龄相符合，千万不可让自己的发型与年龄相差甚远。一般来说，年轻人的发型要给人留下活泼、清新的印象，突出自然风韵之美；年长者的发型要给人留下精神、温婉可亲的印象，突出端庄、秀丽之美。

4. 发型与服饰协调

发型与服饰有着密切的关系。为体现服饰美，发型应根据服饰的变化而变化。穿礼服或制服时，女士可选择短发、盘发，以显得大方、端庄；穿休闲服或轻便服时，可选择适合自己脸型的发型，以显得自然、清爽。

5. 发型与职业协调

随着职业、工作环境的不同，发型也应有所区别。在学校、医院、金融机构和政府机关等比较正式的场合，工作人员的发型应庄重、大方；在社交场合，发型应新颖、亮丽；从事艺术工作的人员，发型应时尚、新潮。

二、面部的修饰

（一）保持清爽

保持面容清爽最基本的方法是清洁和护理。

1. 清洁

清洁面部应做到早晚各一次。洗脸水的温度以 40℃左右为宜。洗脸时，应选用符合自身肤质的洁面产品，涂在掌心用水揉开，然后均匀地抹在脸部、耳朵、脖颈处，从下往上、从内向外打圈揉搓并反复多次，再用清水洗去泡沫。

清洁面部时，还应注意清理鼻腔并保持鼻部无“黑头”，清理口腔并保持口气清新。

2. 护理

洗完脸后，应取适量眼霜涂抹在眼部，取适量爽肤水轻拍于面部，然后涂抹适当的润肤产品，以补充皮肤所需养分，保持面部润泽、光洁、清爽。

（二）适当化妆

在社交活动中，适当化妆可以体现一个人的气质和修养，也可以表达对交际对象的尊重。

1. 化妆的原则

化妆的总原则是少而精，具体应把握个性、自然、协调三个原则。

（1）个性。化妆应因人而异，根据脸型与五官的特点确定修饰方法，扬长避短，从外形上充分展现自身的风格或气质。

（2）自然。除特殊场合外，化妆应力求自然、真实，使妆容看不出明显的修饰痕迹，切忌矫揉造作、过分修饰。

（3）协调。化妆应使整个妆容与年龄、衣着、身份、场合相配合，给人留下整洁、雅致、恰到好处的印象。例如，在工作场合的妆容宜为淡妆，在宴会或舞会等场合的妆容宜为浓妆。

礼仪故事屋

小倩的妆容转变

小倩很爱打扮，在日常生活中，她总是采用粉蓝、粉绿、粉红或粉白色的眼影，彩色系列睫毛膏和眼线，粉红或粉橘色腮红，以及自然系的唇彩或口红，为自己化“清纯少女妆”，让自己看起来青春靓丽。

然而在工作场合，小倩毅然地放弃了“清纯少女妆”，化起了整洁、端庄的“白领丽人妆”：不脱色粉底液，修饰自然、稍带棱角的眉毛，与服装色系搭配的眼影、眼线，再加上自然的唇型和略显浓艳的唇色。整个妆容清爽自然，尽显自信、成熟、干练的气质。

一年以来，小倩以自己得体的外在形象、勤奋的工作态度和出色的工作水平，赢得了公司同人的好评。

2. 女性的妆容

女性妆容有日常妆和宴会妆之分。日常妆注重淡雅，主要适于日常工作与生活场合；而宴会妆则较为浓艳，主要适于晚会、宴会、舞会等场合。无论是日常妆还是宴会妆，都需要选择合适的彩妆产品并按照正确的步骤进行化妆。

（1）选择合适的彩妆产品。

彩妆产品主要包括粉底（包括粉底液、粉底霜、粉饼等）、蜜粉（散粉）、眉笔（或眉粉）、眼影、腮红、眼线笔（或眼线液）、睫毛膏、唇彩（或口红）等，如图2-1所示。

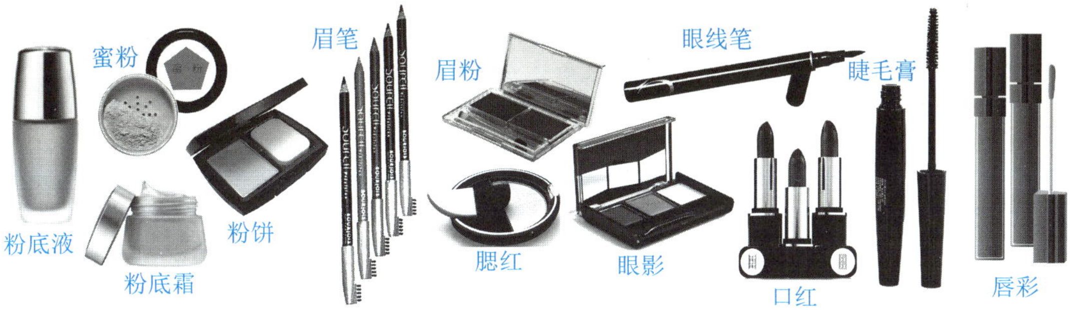

图2-1 常用的彩妆产品

在选择粉底产品时，应根据自己的肤色和肤质进行选择，颜色以接近肤色为宜。眉笔的颜色应与头发的颜色相近。眼影、腮红和口红的选择则应注重妆容的要求。一般情况下，彩妆产品的销售区域都有专业人员提供导购服务，可在购前向其咨询或试用产品。

此外，在选择彩妆产品的同时，还需购置一些化妆工具，如眉钳（或眉刀）、粉刷（或粉扑）、睫毛夹、腮红刷、眼线刷等，如图 2-2 所示。

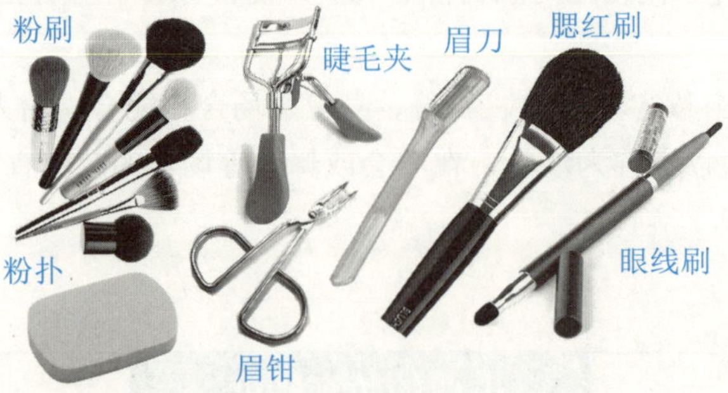

图 2-2　常用的化妆工具

（2）按正确的步骤化妆。

扫一扫

淡妆教程

- **打粉底：**打粉底的目的是调整皮肤颜色，使皮肤平滑、细腻、有光泽。打粉底时需要注意两点，即粉底应轻薄，并与肤色自然融合，而不可涂抹过多、过厚；粉底涂抹应过渡到位，切忌在发际边缘、脸部两侧、脖颈处留下明显的分界线。
- **定妆：**用粉刷蘸取少许蜜粉，轻刷于面部与颈部，以降低粉底的油光感并固定底妆。对于油脂分泌旺盛的部位（如额头、眼角、鼻翼、嘴角等处）可多刷点蜜粉。这样可以增强粉底附着力，使妆容持久，还能增加肌肤光泽度。
- **修饰眉毛：**用眉笔或眉粉沿着眉毛生长的方向轻轻地描画，并注意使眉头浅、眉峰深、眉梢清晰，以使眉形具有立体感。描出的眉形应与本人的年龄、脸型和性格相称。描眉之后，用眉刷将眉毛轻刷一遍，以使眉毛整齐、服帖。

礼仪知识窗

修眉的方法

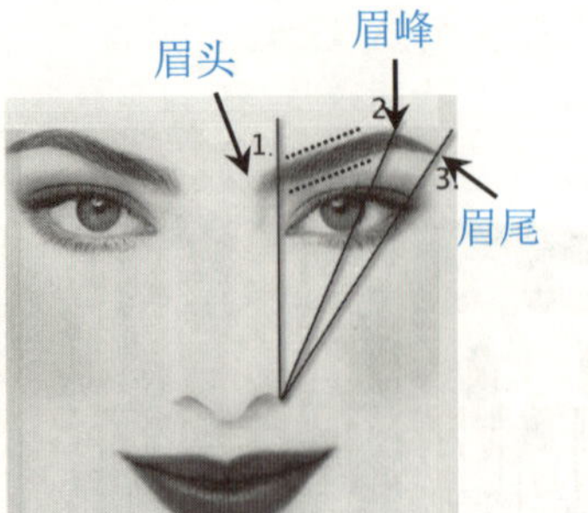

图 2-3　眉头、眉峰和眉尾的位置

描眉需要在眉形已经修整的情况下进行，否则，应先进行修眉。

第一次修眉前需要确定眉的形状，此时可借助眉笔勾画眉形。其中，眉头、眉峰和眉尾的位置可用以下方法确定：眉毛上位于鼻翼与内眼角连线延长线位置的是眉头，位于鼻翼与瞳孔连线延长线位置的是眉峰，位于鼻翼与眼尾连线延长线位置的是眉尾，如图 2-3 所示。

确定眉形后，用眉钳拔除或用眉刀刮除眉毛下沿和眉毛两端的散眉，直至获得理想的眉形。拔眉前用热毛巾在眉毛处热敷 2 分钟，拔眉时略拉紧眉部的皮肤，沿眉毛生长方向一根一根地拔除，能更加轻易地将眉毛拔出。当先前清除掉的眉毛又长出时，需要再次进行修眉。

- **涂眼影：**眼影的最主要功能是强化眼部的立体感，因而涂眼影时，应注意体现出层次感。涂眼影时，先用眼影刷蘸取少量浅色系眼影，由上眼皮中部向眼尾，再由眼窝向眼尾方向刷上轻薄均匀的一层；然后将与该浅色系眼影搭配的深色眼影涂于眼尾处，并用眼影刷自外眼角向眼窝方向呈放射状均匀晕染，使其与浅色眼影自然过渡，如图 2-4 所示。

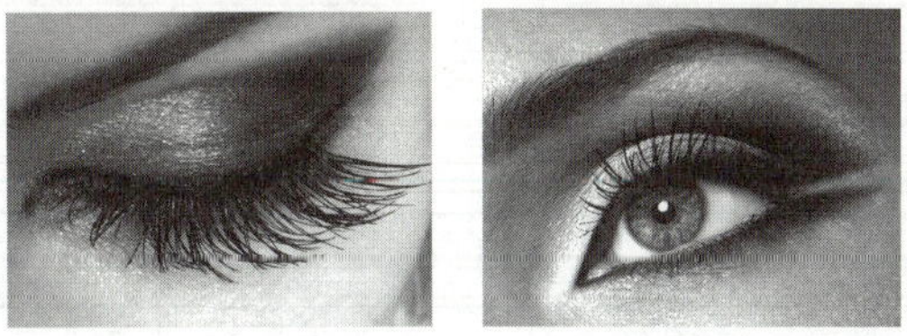

图 2-4　眼影效果

• **画眼线：**眼线可以很好地改善眼睛轮廓，使眼睛生动有神。画上眼线时，应用眼线笔或眼线液沿着睫毛根部由内眼角向外眼角方向分段描画，并用眼线刷晕染均匀，眼尾部分的线条可比眼头部分的线条略粗或往上提拉，以使眼睛显得更大。画下眼线时，应从外眼角向内眼角方向分段描画，并在眼睛中部收笔，以体现较为自然的效果。上眼线应比下眼线稍长一些，且一般不与下眼线交合，如图 2-5 所示。

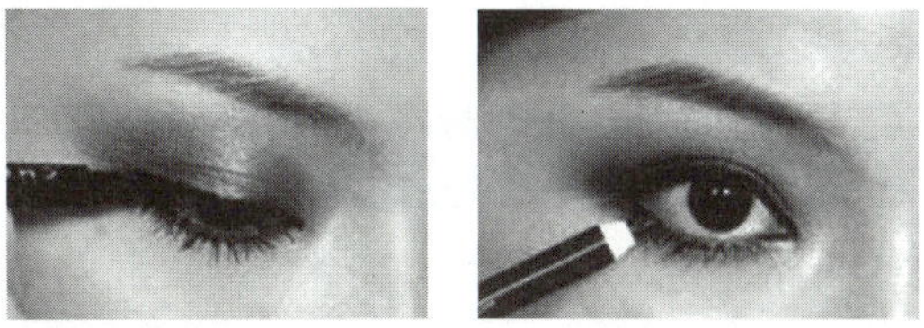

图 2-5　眼线效果

• **修饰睫毛：**修饰睫毛可使眼睛显得更大、更明亮。首先，用睫毛夹依次在睫毛根部、睫毛中部和睫毛尖端三个位置稍微用力夹紧几秒并轻轻提拉（见图 2-6），使睫毛卷曲上翘；然后顺着上睫毛和下睫毛的生长方向均匀地涂刷睫毛膏（见图 2-7），使睫毛定型并显得更加浓密、修长。

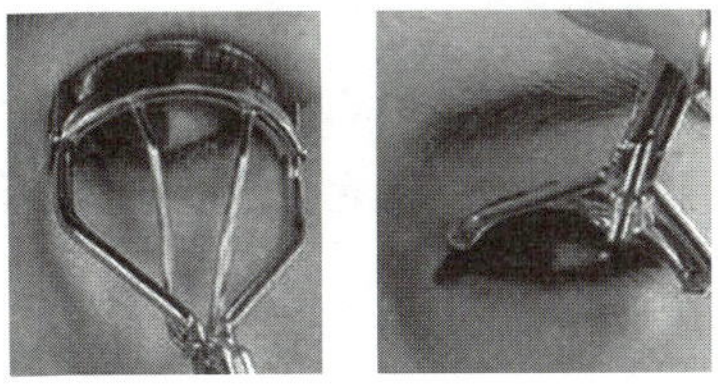

图 2-6　夹睫毛

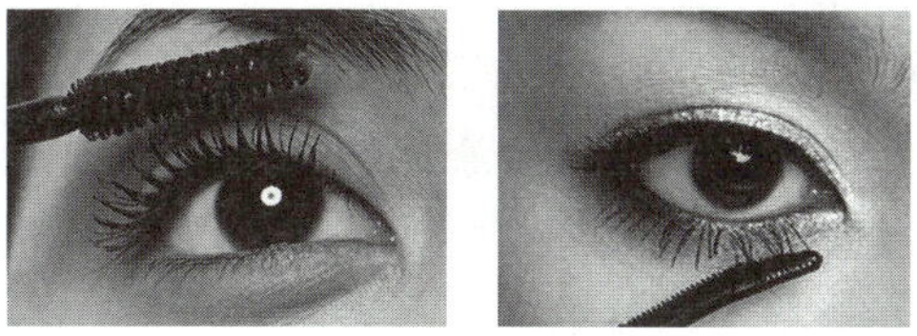

图 2-7　刷睫毛

• **打腮红：**打腮红可以改善肤色并增强面部立体感。用腮红刷蘸取少量腮红轻轻刷于颧骨下方，然后由发际向脸颊逐渐晕开，使其与肤色自然过渡，如图 2-8 所示。

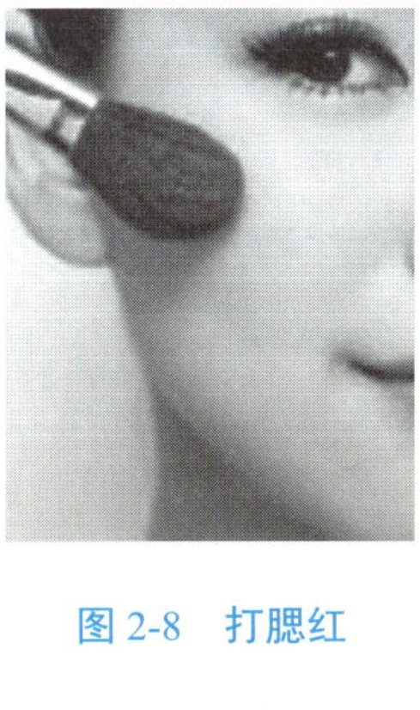

图 2-8　打腮红

- **修饰唇形：**先涂一层润唇膏滋润双唇，然后选用颜色略深于口红或唇彩的唇线笔，勾画出理想的唇形，再用唇刷蘸取口红或唇彩涂抹双唇。

礼仪小贴士

修饰唇形时应当注意以下事项：若嘴唇上有翘起的死皮，则应先去除死皮；唇线应与嘴唇融为一体，而不可勾勒得过于明显；口红或唇彩的颜色应与眼影、腮红的颜色相协调。

- **检查修正：**化妆完成后，应当全面、仔细地检查妆容的效果。若发现问题，则应及时修正，以保持妆容的理想状态。

（3）及时补妆。面部的妆容通常会因说话、进食，以及皮肤分泌的油脂、汗水等而发生脱落，因此，我们应及时进行补妆。补妆应在化妆间或洗手间进行，不能在公共场所进行，即使在场的均为女性。

礼仪知识窗

卸妆小知识

在学会化妆的同时，应适当了解一些卸妆知识。科学的卸妆有利于保养面部肌肤，保证日后的上妆效果。下面将简单介绍几种常用的卸妆产品和工具、卸妆顺序和卸妆方法。

1．卸妆产品和工具

卸妆产品主要有清洁霜和卸妆油。卸妆工具主要有棉签、化妆棉等。

2．卸妆顺序

一般而言，卸妆应先局部后整体，其具体顺序为“睫毛—眼线—眼影—眉毛—嘴唇—面部”。

3．卸妆方法

（1）眼部卸妆。为眼部卸妆时，应着重清洗睫毛膏和眼线。若睫毛膏或眼线不具防水性，则可用化妆棉或棉签蘸取适量卸妆油涂于眼皮和睫毛上，然后按照眼皮纹理和睫毛生长方向擦拭干净即可；若睫毛膏或眼线具有防水性，则可先用剪成条状的化妆棉蘸取少许卸妆油贴于眼皮和睫毛上，待眼妆充分溶解后，再按上述方法清理干净即可。

（2）唇部卸妆。为唇部卸妆时，可用化妆棉蘸取少许卸妆油轻敷双唇数秒，待口红或唇彩溶解后，先横向擦拭唇部，再擦拭嘴角。擦拭干净后，应使用润唇膏或保湿化妆水滋润唇部，以免唇纹加深。

（3）面部卸妆。用化妆棉取适量的清洁霜均匀地涂于面部和颈部，然后用指腹螺旋式地轻柔脸颊、额头、鼻翼、颈脖等部位，待面部污垢与清洁霜完全融合后将其一起洗掉，最后用干净的化妆棉由内侧向外侧将面部擦拭干净。

卸妆完毕后，应用洗面奶清洗面部，并用护肤品为肌肤补充水分。

3．男性的妆容

男性妆容的修饰主要是剃须修面。剃须修面的操作顺序一般为先鬓角、脸颊，再到脖子、嘴唇周围及下巴。若留有胡须，则应将其修理成型；若鼻毛过长，则应定期修剪，切忌让其露出鼻腔。

随着时代的发展和观念的转变，化妆不再是女性的专利。不少男士为了使面容更为精致，或更显阳刚之气，也会尝试选用一些化妆品，如隔离霜、遮瑕膏、睫毛膏、眉粉、润唇膏等。

三、手部的修饰

（一）手部的清洁与护理

饭前便后及接触脏物后，应马上洗手，以保持双手清洁、卫生。

洗手的基本步骤如下：① 双手相对而搓；② 双手指缝交叉搓洗；③ 握洗拇指；④ 搓洗手背；⑤ 五指并拢在另一只手心中搓洗指甲缝，如图 2-9 所示。洗手后，应及时涂抹护手霜，以使手部肌肤保持润泽。

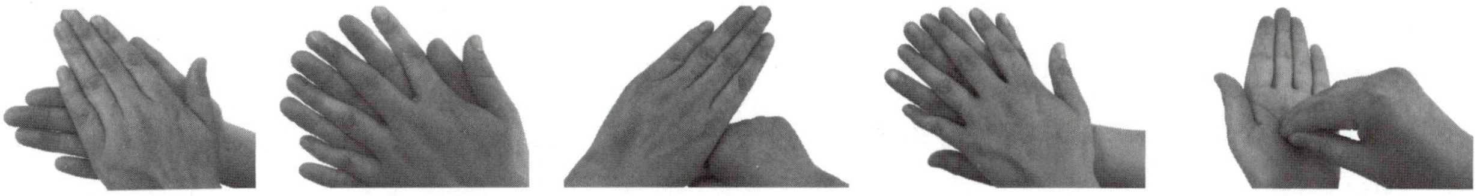

① ② ③ ④ ⑤

图 2-9　洗手的基本步骤

（二）指甲的修剪与修饰

修剪指甲时，可根据手型剪出不同的甲形，如方形指甲、方圆形指甲（指甲前端和侧面是直的，而棱角处是圆弧形）、椭圆形指甲等，以弥补手型的不足。需要注意的是，修剪指甲应避免在公共场合进行，否则是有失礼仪的。

对于女士而言，还可以根据场合、服装等因素适当地染指甲。染指甲时，应选择与口红或唇彩颜色相匹配的指甲油，顺着指甲纹理均匀地涂抹。同样，染指甲不能在公共场合进行。

任务二　熟悉着装礼仪

在社交活动中，一个穿着得体的人，往往能够赢得交际对象的信任和好感。因此，我们应掌握着装的礼仪规范。

一、着装的原则

（一）整洁原则

古人言：“衣贵洁，不贵华。”保持服饰干净、整齐是着装礼仪的最基本原则。一个穿着整洁的人，即使衣服不高档、华贵，也能恰到好处地展现自身的气质和对他人的尊重。

（二）“TPO”原则

TPO 是英文 time、place、occasion 三个单词的首字母，分别代表时间、地点、场合。TPO 原则是指人们应该根据不同的时间、地点、场合选择不同的服装。

1. 时间原则

时间原则包含以下 3 层含义：① 着装应当与时间相符合，如工作期间的着装应能给人一种端庄、整洁、稳重的感觉；② 着装应当与季节相符，确保冬暖夏凉、春秋适宜；③ 着装应顺应时代的潮流和节奏，不能过于落伍，也不能过于时髦。

2. 地点原则

地点原则是指人们应根据地点、环境选择得体的服装，以使人与环境相协调。例如，在家可以穿舒适的家居服；上班期间适合穿职业装；外出登山适合穿运动服；等等。

3. 场合原则

场合原则是指着装应与场合相协调。人们在交际活动中的不同场合应选择不同的服装。例如，在庄重的场合不能穿得太随意，在休闲的场合不必穿得太正式，在喜庆的场合不能穿得太古板，在悲伤的场合不能穿得太艳丽。

（三）配色原则

色彩是服装不可或缺的组成部分。得体的色彩搭配能够提升服饰的整体美感，给他人留下美好的印象。

1. 同色搭配

同色搭配是指以一种颜色为基础色，用与其色相相同、饱和度相近的色彩进行搭配，旨在以简洁的配色来创造一种和谐的美感。例如，深红与浅红、深绿与浅绿、深灰与浅灰等。同色搭配时最好选用深、中、浅三个层次的色彩，这样能让服装显得比较有层次感。

2. 邻色搭配

邻色搭配是指用色谱相近的颜色进行搭配。例如，橙配黄、黄配草绿、白配灰、大红配橙红等。近色搭配的效果多样，富于变化，能让服装显得有层次感。

3. 主色调搭配

主色调搭配就是以一种颜色为基调，适当辅之以其他颜色，各种颜色不失各自的特点，让服装显得主次分明、相得益彰。用主色调搭配时应注意对比效果，确保色彩鲜明而不刺眼，用色不要太繁杂，否则会显得凌乱。

4. 对比色搭配

对比色搭配又称“撞色搭配”。对比的色彩能刺激人的视觉感官，让人产生一种视觉上的跳跃感。用对比色搭配时应注意合理把握对比色的比例，否则容易失去协调感。

礼仪知识窗

色彩的寓意

黑色：象征神秘、悲哀、静寂、权威、高雅、低调和内敛。

白色：象征纯洁、明亮、朴素、神圣、高雅和恬淡。

黄色：象征炽热、光明、庄严、明丽、希望、高贵和权威。

红色：象征活力、热烈、激情、奔放和喜庆。

粉红：象征柔和、温馨、甜美和喜悦。

紫色：象征谦和、沉稳、神秘、古典和高贵。

绿色：象征生命、新鲜、青春、新生、自然和朝气。

浅蓝：象征纯洁、清爽、文静和梦幻。

深蓝：象征自信、沉静、平静和深邃。

灰色：象征中立、沉稳和文雅。

二、男士着装

通常，男士在社交场合的服装主要有西装和运动式夹克配长裤两种。

（一）西装

西装是一种国际性服装，其造型优美、典雅，能使着装者显得风度翩翩、魅力十足。西装也是现代社交场合中男士穿着最多的一种服装，如图 2-10 所示。

图 2-10　穿西装的男士

俗话说："西装七分在做，三分在穿。"穿西装时，符合穿着规范，才能显得潇洒、精神、有风度。一般来说，男士穿着西装时应注意以下几点。

1. 西装的选择

（1）面料。挑选西装时，应选择纯羊毛面料或者含羊毛比例较高的混纺面料的西装。用这些面料制作的西装，外观挺括、质地滑爽，光泽柔和自然。

（2）颜色。西装的颜色宜为深色调的单色。在日常社交场合，一般选用藏蓝色或深灰色西装，在极其庄严、肃穆的场合需选用黑色西装。

（3）款式。按照纽扣数量的排列划分，西装款式可分为单排扣式和双排扣式。其中，单排扣西装又分为一粒扣西装、两粒扣西装和三粒扣西装；双排扣西装又分为两粒扣西装、四粒扣西装和六粒扣西装。在社交场合，男士通常可穿单排两粒扣西装和双排六粒扣西装，也可根据具体场合选择。

按照件数划分，西装款式可分为两件套和三件套。两件套的西装套装包括上衣和裤子，三件套的西装套装包括上衣、马甲和裤子。三件套西装比两件套西装更为正规，在比较正式的社交场合一般应穿三件套西装。

（4）尺寸。西装必须合身。男士在选择西装时，一定要量体裁衣、认真试穿。一般情况下，西装衣长应刚好盖过臀部，衣服垫肩应与人体肩膀吻合，衣袖长达腕部，抬放手臂时衣服不会出现皱褶或紧绷感，衣服腰围比人体腰部稍宽（扣上纽扣后，能贴腰平插入一只手），裤长刚好到鞋跟与鞋帮的接缝处。

（5）做工。在挑选西装时，应仔细检查其做工。具体而言，做工精良的西装具有以下特点：① 外观平整；② 面料拼接自然；③ 缝线平直，针脚均匀。

2. 西装的搭配

西装必须与衬衫、领带、皮带、鞋袜等其他衣饰精心搭配，才能呈现出其应有的韵味和魅力。

（1）衬衫。与西装搭配的衬衫一般应为硬领式的正装衬衫，其面料应以纯棉、纯毛为主；颜色以浅色为佳，如白色、蓝色、灰色等，且应与西装颜色相匹配；花纹越淡越好，越少越好。

穿正装衬衫与西装搭配时，应注意以下事项：

- **大小合适：**衬衫衣领与胸围的松紧应适度，不可过于宽松，也不可过于收紧，以免影响到西装与身体的贴合程度。
- **衣领偏高：**衬衫的衣领应比西装的领口高出1～2 cm，以衬托西装。
- **袖长适度：**衬衫的袖长应比西装的衣袖长1～2 cm，这样既可以避免西装的袖口受到过多的磨损，还可以显示层次美。
- **衣扣扣好：**系领带时，衬衫的衣扣都必须扣好，特别是领扣；不系领带时，可解开领扣。此外，若衬衫的衣袖为双层袖口，则可在袖口上佩戴装饰性袖扣。

礼仪小贴士

袖扣是用于代替袖口扣子部分的重要饰物，其材质多为金属（有的镶嵌宝石），造型精美，是男士在正式场合所需佩戴的重要饰物。

- **下摆放好：**衬衫的下摆必须掖进西裤裤腰内，切记不可在裤腰交界处上下错位、左右扭曲或皱皱巴巴。

扫一扫

领带打法

（2）领带。领带是西装的重要饰品，能起到画龙点睛的作用。领带的面料最好为真丝，也可以是涤纶长丝或纯毛料；颜色应与衬衫、西装的颜色相称；图案不可过于花哨，可以无图案，也可以具有斜条纹、圆点、方格等规则几何形状的图案。

领带最重要的部位是领结。打好的领带结应呈挺括、端正的倒三角形，且大小与衬衫衣领大小成正比。领带结的常用结法有平结、双环结、交叉结、双交叉结和温莎结等。

① 平结：平结几乎适用于任何质地的领带，其特色在于领结的下方可呈凹凸状。平结的打法如图2-11所示。

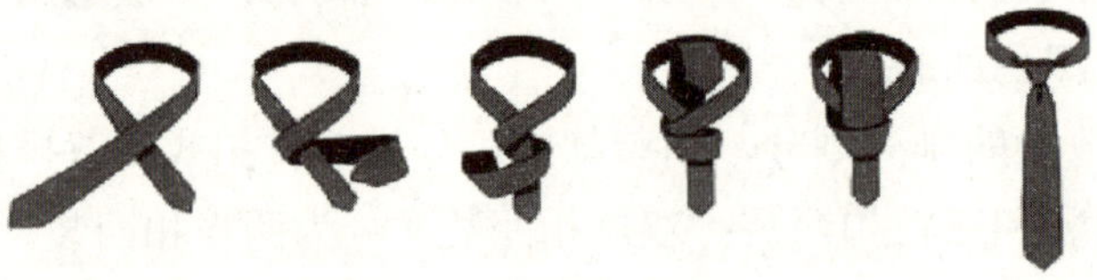

图2-11　平结图解

② 双环结：双环结适用于质地细腻的领带，能够营造出时尚感，适合年轻男士选用。其特色在于领结的第一圈稍稍露于第二圈之外。双环结的打法如图2-12所示。

图2-12　双环结图解

③ 交叉结：交叉结适用于单色素雅且质地较薄的领带，能够展现时髦感。其特色在于领结上有一道分割线。交叉结的打法如图2-13所示。

图 2-13　交叉结图解

④ 双交叉结：双交叉结多适用于素色丝质的领带，能够让男士显得高雅、尊贵，非常适合在正式活动场合使用。双交叉结的打法如图 2-14 所示。

图 2-14　双交叉结图解

⑤ 温莎结：温莎结因温莎公爵而得名，是最正统的领带打法，适用于材质较薄的领带。其特色在于领结呈倒正三角形，且饱满有力，适合搭配宽领衬衫。温莎结的打法如图 2-15 所示。

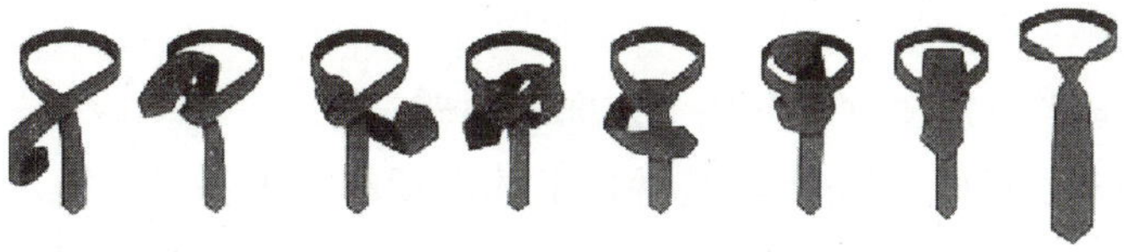

图 2-15　温莎结图解

领带打好后，其外侧的大箭头一端应略长于内侧的一端（较窄的那端），且该大箭头的尖端应恰好触及皮带扣的上端，切不可垂到腰带以下或塞到裤腰里面。

一般情况下，打领带时没有必要使用佩饰。但是，有时为了避免领带妨碍工作或行动，也可以使用领带夹或领带针，如图 2-16 所示。

领带夹　　领带针

图 2-16　领带配饰

（3）皮带与鞋袜。穿西装时，皮带与鞋袜也应与西装相匹配。

- **皮带：**面料宜为光面的皮质材料；颜色应为深色（黑色为首选）、单色；宽度一般为 3 cm 左右，并宜带有形状简洁的钢质皮带扣。
- **鞋子：**面料应为光面的真皮，一般以牛皮为首选；颜色应与皮带的颜色一致；款式应以系带、薄底的为佳，且其上应无任何图案和装饰；鞋面应上油擦亮，不留灰尘与污迹。
- **袜子：**面料最好为纯棉或纯毛；颜色宜为深色、单色，且应与西裤或皮鞋的颜色一致，切忌用浅色袜子配深色皮鞋；长度应及于小腿。

礼仪故事屋

着装不当的窘境

著名表演艺术家程某在香港遭遇了一次窘境，这次窘境让他推翻了其原先“穿衣服可忽视场合”的着装观念。据程某回忆，当时香港某影星邀请他参加一个画展。盛情难却，他应邀出席了画展。到达展厅后，他发现厅内人的装束都非常得体，而自己的一身打扮实在有失体面。

他身边的几位男士穿着精致的西装，头发光亮整齐，整齐得能看出梳子在头发上划过的痕迹，显得风度翩翩；附近的一位明星留着一头短发，着装闪耀靓丽，显得帅气、干练，魅力十足。而他呢，尽管穿着西装，但那套西装已经穿了一个星期，裤线早没了，上衣兜盖还不知怎么的反了向，兜口老开着，更重要的是忘了戴领带。脚上的皮鞋，也因为穿得太久而布满灰尘且走了形。

自那以后，程某非常注意自己的形象，主动学习在不同时间、场合的着装知识及饰物搭配技巧，以防类似的窘境再次发生。

3. 穿西装的注意事项

男士在穿着西装时，应当特别注意以下几个方面的问题：

（1）拆除商标。穿西装之前，应拆除西装袖口上的商标和纯羊毛标志等。

（2）熨烫平整。穿西装之前，应将西装熨烫得平整挺括、线条笔直，切勿使其皱皱巴巴。

（3）扣好纽扣。穿单排两粒扣式的西装时，讲究“扣上不扣下”，即只扣上边的那粒纽扣；穿单排三粒扣式的西装时，要么只扣中间那粒纽扣，要么扣上面的两粒纽扣；穿双排扣式西装时，所有的纽扣都应扣上。

（4）不挽不卷。切忌将西装的衣袖挽上去，或将西装裤管卷起来，更不可当众脱下西装上衣后将其披在肩上。

（5）慎穿毛衫。西装上衣之内、衬衫之外最好不要再穿羊毛衫，但在天气寒冷难耐时可以穿一件薄型“V”领的单色羊毛衫。

（6）少装东西。西装的口袋里一定要少装东西。一般而言，西装上衣外侧胸袋只可插入一块用以装饰的真丝手帕，内侧胸袋用来别钢笔、放名片夹或钱夹（不可过大或过厚），下侧口袋原则上不装任何东西；西装裤子两侧的口袋只能放纸巾、钥匙包、手机等小件物品，后侧的口袋不要装任何东西。

（二）运动式夹克配长裤

在不太正式的场合，男士可以穿着比较轻便的运动式夹克配长裤。

（1）面料。夹克以纯毛、混纺、纯棉或混合丝面料为宜；长裤以纯毛华达呢、混纺或永久熨烫混纺面料为宜。

（2）颜色。通常可以选择藏青色、灰色和铁灰色等比较稳重的颜色。夹克与长裤的颜色可以相同，也可以形成对比，用深色的夹克搭配颜色较浅的长裤。例如，藏青色的夹克，搭配黄褐色或米色的长裤。

（三）配饰

1. 首饰

男士除了结婚戒指之外，最好不佩戴其他首饰，而且最多每只手只戴一枚戒指。

2. 手表

手表既是实用性物品，又可作为装饰性用品。一般来说，男士在社交场合应选择正宗、高档的手表，以纯银、金质或不锈钢制的手表为宜。若表带为皮制的，则其颜色要与腰带、皮鞋的颜色一致。

3. 手提包和钱包

手提包和钱包应是皮质的，颜色宜为棕色、黑色或暗红色。

三、女士着装

在社交场合，女士的着装比男士更加丰富，可根据具体情况选择合适的服装。通常，在社交场合女士的服装主要有西装套裙、夹克衫、连衣裙三种类型。

（一）套装与套裙

套装（即西装配长裤）与套裙（即西装配半身裙）具有大方、简洁、素雅的特点，能让女性显得成熟、稳重，塑造出端庄、干练的形象，通常适合于比较正式、严肃的社交场合（如工作场合等），如图 2-17 所示。

套装　　套裙

图 2-17　穿套装、套裙的女士

1. 套装、套裙的选择

一般而言，套装、套裙的选择应注意以下几个方面：

（1）面料。应选择具有匀称、平整、光洁、悬垂、挺括、不起皱、不起毛、不起球等特征的面料。需要注意的是，整套服装的面料必须一致。

（2）颜色。可根据自己的肤色选择套裙的颜色。通常，以黑色、藏青色、灰褐色、灰色、暗红色等颜色最佳。穿单色的套裙，能使身材显得瘦高一些。选择精致的方格、印花或带条纹的花色也可以，但不要选红色、黄色和淡紫色，这些颜色过于艳丽，不宜在办公场合穿着。

（3）尺寸。套裙必须合身，过大或过小、过肥或过瘦的服装都会有损个人形象。其中，半身裙的长度最长宜到达小腿中部，最短以坐下时裙子向上缩离膝盖不超过 10 cm 为宜。

2. 套装或套裙的搭配

女士穿套装或套裙时，应注意其与衬衫、鞋袜、皮包的搭配。

（1）衬衫。面料通常应以丝绸、涤棉、麻纱等为主；颜色应与套装、套裙的颜色相协调，白色、米色、粉红色等浅色系颜色均可；款式应当简洁，通常不应具有过多的花边、皱褶，以及夸张的图案。衬衫下摆必须掖入下装之内；除最上端的一粒纽扣以外，其他纽扣必须一一系好，不得随意解开；衬衫不宜直接外穿。

（2）鞋。面料宜为牛皮或羊皮制品；颜色宜为单色，一般应深于套装、套裙的颜色；款式宜为无带无襻的高跟或半高跟鞋，且鞋跟不宜太细；鞋面应上油擦亮，不留灰尘和污迹。

（3）袜子。面料宜为尼龙丝或羊毛制品；搭配裙装的袜子款式应为高筒型和连裤型，而不能为中筒型和低筒型，以免袜口露出裙子下摆，显出“三截腿”；颜色宜为肤色。此外，穿丝袜时，若袜子出现破损或挑丝，应立即更换，但切勿当众整理袜子。

礼仪小贴士

最好随身携带一双备用丝袜，以防丝袜破损。

（4）皮包。面料最好为皮质；颜色应与自身肤色、服装、年龄及季节相搭配，咖啡色、黑色、驼色、米色等中性色通常为百搭色彩；款式应与自身身型相协调，一般而言，身材高大者宜用大提包，身材矮小或苗条者宜用中、小提包，身材丰满者忌用圆形包。

（二）夹克衫

夹克衫是指衣长较短，胸围较宽，袖口、腰身和下摆略微收紧样式的开衫上衣。夹克衫一般属于休闲装，其面料选取灵活、款式多样，可搭配裙子、牛仔裤等服装（见图2-18），常适用于不太正式的社交场合。女士穿夹克衫时，也应注意其与衬衫、裙子或裤子、鞋袜、皮包之间的搭配（具体可参考套装、套裙的搭配方法）。

图2-18　夹克衫的搭配效果

（三）连衣裙

此处的连衣裙主要是指除礼服裙、职业套裙以外的其他连衣裙。连衣裙种类繁多、款式多样。例如，按照版型不同可分为直身裙、“A”字裙等，按照面料不同可分为雪纺裙、牛仔裙等。在不太正式的社交场合，女士可根据自身体型、肤色、年龄、性格及交际对象等选择合适的连衣裙，以凸显优美身段，体现良好教养及对他人的尊重。穿连衣裙时，应注意裙子与鞋袜、皮包之间的搭配。

礼仪小贴士

女士着装应注意以下事项：

① 拆除商标。若衣服上的品牌商标显露在外，则应将其拆除。

② 勿过分暴露。不可选择过分“凸”“透”“露”的服装，否则会显得轻浮，有时可能还会触犯他人的禁忌。

③ 兼顾举止。美好的着装要配以优雅的举止，否则，无法展示服装的美感。

（四）佩饰

在社交活动中，女士除了应注意服装的选择与搭配之外，还要注意根据自身服饰、脸型、年龄、季节、场合等因素佩戴合适的饰品。常见的佩饰主要有项链、耳环、丝巾、胸针、戒指等。

1. 项链

项链（见图 2-19）的造型、长短和色彩可以调节视线，一款合适的项链可以为女性增添无穷魅力。

图 2-19 项链

女士在选用项链时，应遵循以下规则：

- **与服装相呼应：**项链的造型与色彩应当与佩戴者的着装相呼应。例如，穿飘逸的连衣裙时，宜佩戴精致、细巧的项链；穿单色或素色的衣服时，宜佩戴色泽单一而鲜明的项链。
- **与脸型相搭配：**项链的造型与长短应当与佩戴者的脸型相搭配。例如，尖脸型的女性可选用较细的项链，但长度不宜过长；方脸型或圆脸型的人，则可选用较长一些的项链。
- **与年龄相吻合：**项链的材质应当与佩戴者的年龄相吻合。例如，高雅华丽的珠宝项链比较适合中年女性佩戴；造型独特的木制品、玻璃制品、陶瓷制品等工艺制品项链比较适合年轻女性佩戴。
- **与个性相符合：**项链的吊坠应与佩戴者的气质、个性相符合。例如，椭圆形的吊坠一般适合个性成熟的女士；菱形、方形的吊坠一般适合个性独立的女士；小动物形状的吊坠一般适合个性活泼的女士。
- **与场合相协调：**项链的款型应与佩戴者所参与的场合相协调。例如，在一般社交场合，宜佩戴精致、淡雅的项链；在正式的宴会、舞会等场合，宜佩戴华丽、闪耀的项链。

2. 耳环

女士佩戴耳环时，应根据自己的脸型、发型来进行选配。一般而言，圆脸型的人宜戴链式耳环、长而下垂的三角形或水滴形耳环，不宜戴又大又圆的耳环；方脸型的人宜戴较小的耳环或耳坠，而不宜戴圆形或方形的耳环。此外，耳环的风格应与项链、服装的风格相一致或相协调。

3. 丝巾

女士佩戴丝巾时，应注意丝巾面料、颜色、图案的选择，以及丝巾系法与脸型的搭配。

（1）丝巾的选择。在社交场合使用的丝巾可以是边长 60 cm 左右的小方巾，也可以是边长 90 cm 左右的大方巾或长丝巾。女士在选择丝巾时应注意以下方面：

- **面料：** 多为丝绸、真丝等，通常以丝绸为首选。
- **颜色：** 可以与服装颜色为同一色系，也可以与服装颜色呈对比色，但应与服装相协调，并与着装者的肤色、气质相配。
- **图案：** 可以无图案，也可以有条纹、方格、碎花等简单图案。

（2）丝巾的系法。常见的丝巾系法有基础结、三角巾结、V字结、项链结和围巾结等。

① 基础结：基础结适用范围较广，其特色是能系出一个十字形的结。基础结的系法如图2-20所示。

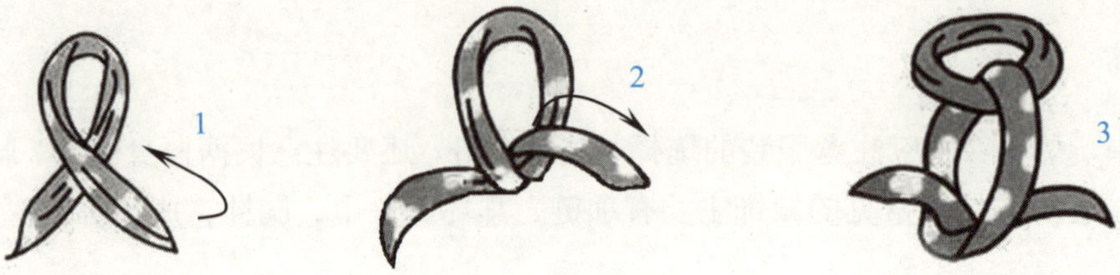

图2-20　基础结图解

② 三角巾结：三角巾结很适合圆脸型的人，其特色是在颈后打结，并在颈前留出一个三角形，强调视觉上的纵向感，能使佩戴者的脸部轮廓看起来消瘦一些。三角结的系法如图2-21所示。

图2-21　三角巾结图解

③ “V”字结：“V”字结较适合倒三角脸型和方脸型的人，其特色是在颈前呈现一个“V”字形，使颈部充满层次感。“V”字结的系法如图2-22所示。

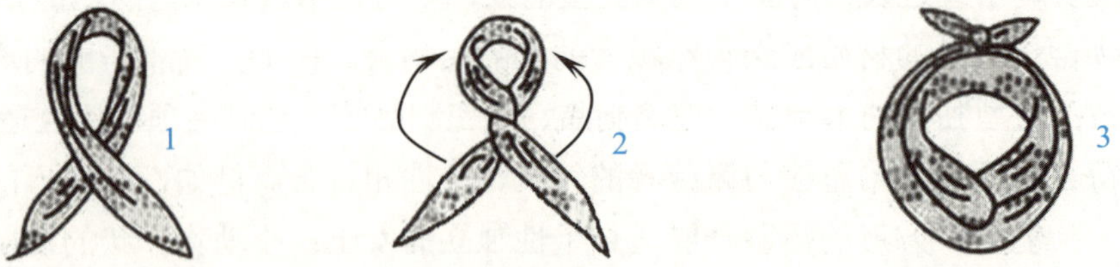

图2-22　“V”字结图解

④ 项链结：项链结适合长脸型和倒三角脸型的人，其特色是能够在颈前呈现一个类似于项链的结，使佩戴者显得高雅、干练。项链结的系法如图2-23所示。

图2-23　项链结图解

⑤ 围巾结：围巾结适合方脸型的人，其特色是能在颈前或颈部一侧打出层次感较强的花结，并打破佩戴者脸型的方正走向，为佩戴者的脸部增添柔美感。围巾结的系法如图 2-24 所示。

图 2-24　围巾结图解

4．胸针

胸针又称“胸花”，是一种镶有珠宝、水晶等材料的用于装饰衣服的别针，如图 2-25 所示。女士着装时选用一款合适的胸针别在领口或胸前，能使自己显得格外靓丽。在选择胸针时，应注意使其与自己的脸型、服装相协调。

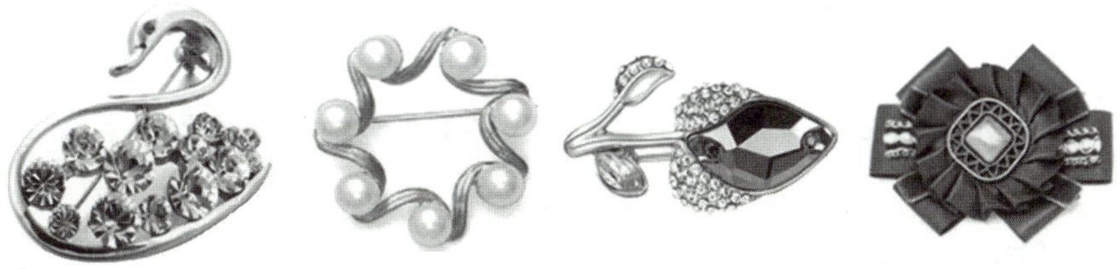

图 2-25　各种形状的胸针

5．戒指

戒指也是一种经典的装饰品。女士佩戴戒指时，应注意选配与自己手型相配的戒指。戒指一般佩戴在左手上，且最多不应超过两枚。戴两枚戒指时，通常应戴在左手两个相邻的手指上，或戴在两只手对应的手指上。

礼仪知识窗

戒指佩戴的含义

戒指佩戴在不同的手指上通常具有不同的寓意。主要寓意有以下几种：① 戴在食指上表示无偶或寻求恋爱对象；② 戴在中指上表示正在恋爱之中；③ 戴在无名指上表示已订婚或结婚；④ 戴在小指上表示独身。

任务三　熟悉仪态礼仪

仪态是指人在行为中所展现出来的各种姿势，主要包括站姿、坐姿、走姿、蹲姿等。一个人仪态端庄、举止文雅、落落大方，才能给人以良好的印象，有利于其与他人建立良好的人际关系。

一、站姿礼仪

站姿是人的最基本仪态，是其他仪态的基础。良好的站姿能够展现出个人的气质和风度，给人以挺拔笔直、精力充沛、积极进取、充满自信的感觉。

（一）站姿的基本要领

扫一扫

站姿礼仪

（1）头正。双目平视，颈部挺直，下颚微收，表情平和自然。

（2）肩展。双肩舒展、放平，自然放松，稍向下沉。

（3）臂垂。双臂放松，双手自然垂于身体两侧，手指并拢、自然弯曲。

（4）挺胸。后背挺直，胸部舒展、自然上挺。

（5）收腹。腰部挺直，腹部微微紧收，保持自然呼吸。

（6）提臀。臀部肌肉向内、向上收紧。

（7）腿直。双腿挺直，双膝紧贴，腿部肌肉向内收紧，身体重心置于双腿之间。

（二）男士的站姿

男士站姿应稳健、刚毅、洒脱，体现阳刚之美。一般来说，男士在社交场合可采用分腿式站姿，具体如下。

1. 前腹式分腿式站姿

双手交叉于腹前，左手握住右手腕，双脚分开（双脚外沿宽度以不超过两肩的宽度为宜），身体重心落于两脚之间，脚部疲惫时还可使身体重心在两脚间轮换，如图 2-26（a）所示。这种站姿略显自由，常适用于一般社交场合。

2. 后背式分腿式站姿

双手交叉于背后，左手握住右手手腕，自然贴于背部，双脚分开（双脚外沿宽度以不超过两肩的宽度为宜），如图 2-26（b）所示。这种站姿略带威严，常适用于较为正式、严肃的迎送场合。

（a）前腹式分腿式站姿　　（b）后背式分腿式站姿

图 2-26　男士站姿

（三）女士的站姿

女士站姿应优美、庄重、大方，体现柔和轻盈之美。一般而言，女士的站姿主要为丁字步站姿和扇形站姿。

1. 丁字步站姿

双手虎口交叠于腹前，贴于肚脐处，手指伸直但不外翘，双腿并拢，膝盖紧贴，双脚站成小丁字步，如图 2-27（a）所示。这种站姿礼仪性较强，适用于较正式的迎送场合。

2. 扇形站姿

扇形站姿即小八字步站姿，其要领如下：双手交叉握于腹前或自然垂于身体两侧，双腿和脚跟并拢，脚尖分开约 60°，站成小八字步，如图 2-27（b）所示。这种站姿较为自由，可适用于不太正式的社交场合。

（a）丁字步站姿

（b）扇形站姿

图 2-27 女士站姿

（四）站姿的注意事项

站立时切忌出现以下姿态：

（1）膝盖伸不直，无精打采。

（2）弯腰驼背，叉腰屈腿，两肩一高一低。

（3）在正式场合，将双手插于衣兜，用双手搓脸、拨弄头发或抱肘于胸前。

（4）斜靠在马路旁的树干、招牌、墙壁或栏杆上，或者歪斜站立。

（5）两脚分得很开，或两腿交叉站立。

（6）一条腿弯曲并抖动，用脚打拍子或不停地划弧线。

（7）不停地摇摆身子，忸怩作态。

（8）与他人勾肩搭背。

礼仪训练营

学生可根据以下几种方法练习站姿：

（1）背靠背站立法。两人一组，背靠背站立，脚后跟、小腿、双肩、脑后枕部相互紧贴。

（2）九点靠墙练习法。两只脚后跟、两个小腿肚、两个臀尖、两个肩和后脑勺儿九个点都贴着墙站立练习。

（3）顶书练习法。男同学按照标准站姿站好，头顶一本书保持平衡。女同学除了要头顶一本书，还要在膝盖部位夹一张纸进行练习。

二、坐姿礼仪

坐姿是人入座、在座、离座时的姿态。在社交场合，无论是男士还是女士，其坐姿都应给人以端正、大方、自然、稳重之感。

扫一扫

坐姿礼仪

（一）坐姿的基本要领

（1）入座时要稳。首先走到座位前面，然后转身并轻稳地坐下，切忌沉重地落座。如果女士穿的是裙装，坐下前，还要用双手从臀部由上往下将裙子轻拢一下，以保持裙边平整、不起皱，并且防止走光。

（2）在座时，要遵守以下要领：

- **上身挺直：**头部端正，双目平视，嘴唇微闭，双肩放平，腰部挺直。
- **四肢摆好：**两臂自然弯曲，双手放在腿上，双膝并拢，双腿正放或侧放。
- **椅面不满：**在座时，宜坐满椅子的 1/2～2/3，而不宜坐满椅面。
- **侧坐交谈：**与邻座交谈时，可以侧坐，此时上体与腿应同时转向一侧。

（3）离座时，先将右脚后退半步，找到支撑点后起立，起立时应保持上身平稳端正，切勿向前哈腰或向左右摇摆。

（二）男士的坐姿

在社交场合，男士的坐姿主要可分为开膝式和重叠式两种。

1. 开膝式坐姿

上身与大腿、大腿与小腿、小腿与地面均成直角，双膝、双脚自然分开（不超过肩宽），脚尖朝前，双手分别放于两腿上，如图 2-28（a）所示。

2. 重叠式坐姿

上身保持端正，左小腿垂直于地面，右腿叠于左腿上，右小腿向里收，右脚尖向下倾，双手互握置于右腿上，如图 2-28（b）所示。采用这种坐姿时，交叠的双腿可以互换位置。

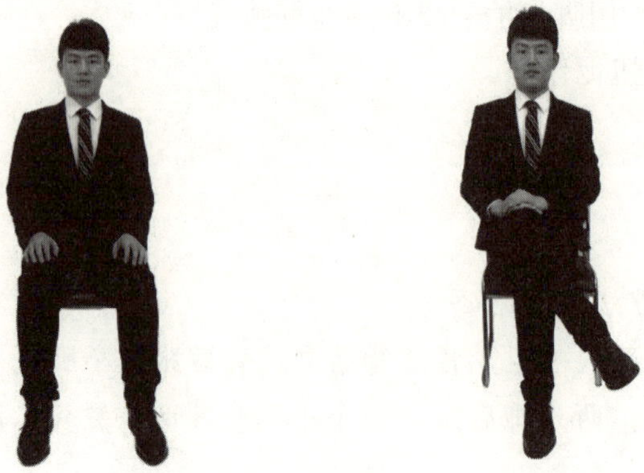

（a）开膝式坐姿　　（b）重叠式坐姿

图 2-28　男士坐姿

（三）女士的坐姿

在社交场合，女士的坐姿主要可分为标准式、侧点式、交叉式和重叠式四种。

1. 标准式坐姿

上身与大腿、大腿与小腿、小腿与地面均成直角，双腿并拢，双膝紧贴，双脚并排靠拢，双手虎口相交置于左腿上，如图 2-29（a）所示。

2. 侧点式坐姿

上身端正，双膝紧贴，两小腿并拢平移至身体一侧，与地面约呈 45°，双脚平放或点地，双手互握于腹前一侧，如图 2-29（b）所示。

3. 交叉式坐姿

上身端正，双膝紧贴，双脚在踝关节处交叉后略向身体一侧斜放，一脚着地，另一脚点地，双手互握置于腹前一侧，如图 2-29（c）所示。采用这种坐姿时，也可将双脚交叉略向后收。

4. 重叠式坐姿

上身端正，两小腿平移至身体左侧，与地面约呈 45°角，右腿重叠于左腿之上，右脚挂于左脚踝关节处，脚尖向下，左脚掌着地，如图 2-29（d）所示。也可以交换两腿的上下位置，将左腿重叠于右腿之上，并将两小腿移至身体右侧。

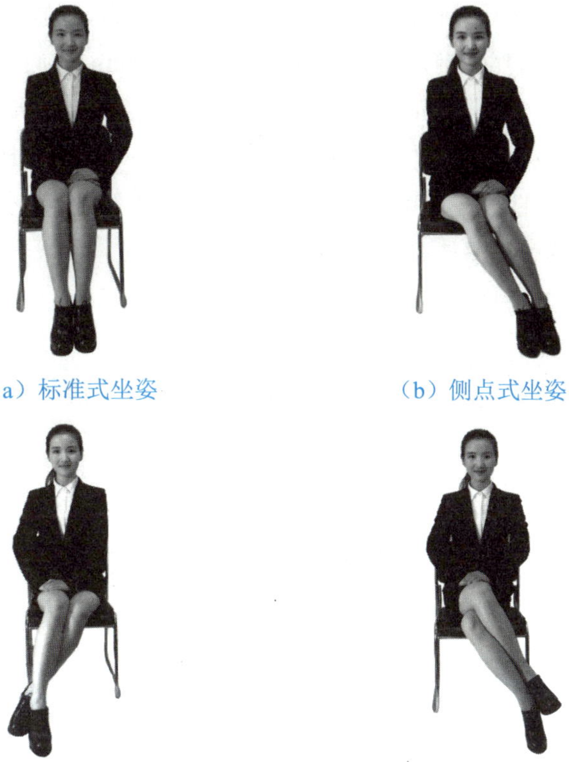

（a）标准式坐姿　（b）侧点式坐姿

（c）交叉式坐姿　（d）重叠式坐姿

图 2-29　女士坐姿

（四）坐姿的注意事项

落座后切忌出现以下姿态：

（1）身体前倾或后仰，瘫坐在椅子或沙发上。

（2）双手夹在两腿中间或放在臀部下面。

（3）跷二郎腿、双腿叉开或者双腿伸得很远。

（4）脚部抖动、蹬踏他物或脚尖指向他人。

礼仪训练营

由老师带领同学们练习入座、在座、离座的动作，以及男士、女士的各种坐姿；然后以小组为单位进行训练。最后，请同学们分组讨论并示范男士和女士的正确坐姿，以及需要避免的坐姿，互相观察，并纠正姿势。

三、走姿礼仪

走姿是人在行走过程中所形成的姿态。正确、优美的走姿能够反映出充满活力的精神状态，给人以美的享受。

（一）走姿的基本要领

扫一扫

走姿礼仪

（1）步态端正。行走时昂首挺胸，收腹提臀，双肩放平、下沉，双目平视，重心稍向前倾，双臂自然地前后摆动，摆幅为 30～40 cm，前摆幅大于后摆幅；掌心朝内，手指自然弯曲；脚尖伸向正前方，脚跟先于脚掌着地，脚尖推动不断前行。

（2）步位平直。步位是指脚落地时的位置。男士行走时应两脚平行前行，两脚内侧着地的轨迹不在一条直线上，步位路线呈两条平行线。女士行走时应以脚尖正对着前方，步位路线应尽可能呈一条直线。

（3）步幅适中。步幅是指跨步时两脚之间的距离。男士的步幅一般约为 40 cm，女士的步幅一般约为 30 cm。

（4）风格有别。男士应步伐矫健、稳重，展现阳刚之美；女士应步伐轻盈娴雅，展现阴柔之美。

（二）走姿的注意事项

走路时切忌出现以下姿态：

（1）身体不挺直，有弯腰驼背的不良习惯。

（2）走路呈“内八字”或“外八字”。

（3）拖蹭地板、跳着走路或踮脚走路。

（4）身体不稳、摇头晃脑或晃臂扭腰。

（5）上下楼梯时弯腰弓背、手撑大腿或一步踏两三级台阶。

（6）行走时与其他人相距过近，或与他人发生身体碰撞。

（7）多人一起并排行走或搂肩搭背。

（8）行走时尾随他人，甚至对其进行窥视围观或指指点点。

礼仪故事屋

小李的疑惑

小李和小王都是成绩优秀的好学生。然而，每次要开展班级重大的活动时班主任都会让小王去组织，小李百思不得其解，向朋友抱怨道：“班主任为什么只重用小王，而对我的才能就视而不见呢？”朋友说：“如果是我，我也会重用小王。虽然你们的能力差不多，但是你们给人的整体感觉不一样。小王在日常活动中行姿端正，步伐稳健有力，步履自然，行走如风，显得沉稳、大方、干练，充满活力与自信；而你总是弯腰驼背，步履蹒跚，给人一种缺乏活力且十分不自信的感觉。班主任把组织活动的工作交给小王，自然放心。”

礼仪训练营

学生可按照以下方法练习走姿：

（1）女士沿着画的直线或地面砖的直线缝隙进行直线行走练习，男士则沿着两条平行线进行直线行走练习。

（2）顶书练习，练习者以立正姿势站好，出左脚时，脚跟先着地，迅速过渡到脚尖，脚尖稍向外，右脚动作同左脚，保持正确的步幅和节奏，注意抬头挺胸、收腹，以及手臂自然摆动。

四、蹲姿礼仪

蹲是由站立的姿势转变为两腿弯曲和身体高度下降的姿势。正确、恰当的蹲姿能够体现良好的修养和风度，反之则会有损形象。

（一）蹲姿的基本要领

扫一扫

蹲姿礼仪

正确的蹲姿应符合以下要求：上身保持端正，一只脚向后撤半步，身体重心落在后方的腿上，然后直腰下蹲，平缓屈腿，臀部下移，双膝一高一低。下蹲取物或工作完毕后，挺直腰部，平稳起立、收步。

（二）常用的蹲姿

1. 高低式蹲姿

下蹲时，左脚在前，脚掌完全着地，右脚在后，脚掌着地、脚跟提起；屈腿下蹲后，左小腿垂基本直于地面或与地面呈 60°，右腿居后，右膝低于左膝，形成左高右低的姿态。采用这种蹲姿时，左、右脚可以互换。男士采用这种蹲姿时，可将两腿适当分开，如图 2-30（a）所示；女士采用这种蹲姿时，应将两腿靠紧，并可略微侧转，如图 2-30（b）所示。

2. 交叉式蹲姿

下蹲时，左脚在前，脚掌完全着地，右脚在后，脚掌着地、脚跟提起；屈腿下蹲后，左小腿基本垂直于地面，右腿从左腿下方伸向左侧，两腿交叉重叠，合理支撑身体，腰背挺直、略向前倾，如图 2-31 所示。这种蹲姿的造型优美典雅，适用于女性。采用这种蹲姿时，可左、右腿互换。

（a）男士高低式蹲姿　（b）女士高低式蹲姿

图 2-30　高低式蹲姿

图 2-31　交叉式蹲姿

（三）蹲姿的注意事项

下蹲时切忌出现以下姿态：

（1）弯腰拾取物品时两腿叉开、臀部向后撅起，或者两腿张开、平衡下蹲。

（2）下蹲时东张西望或弯腰屈背。

（3）下蹲速度过快。

（4）下蹲时漏出内衣。

（5）蹲在椅子上，或在公共场合蹲着休息。

五、表情礼仪

表情是指人的面部情态。表情是一种无声的语言，是人的思想感情和内在情绪的外在表现，是人们在人际交往中相互沟通的形式之一。人们用表情表达情感时，目光和笑容是最具表现力的。

提　示

美国心理学家艾伯特·梅拉比安把人的情感信息表达效果总结为一个公式：信息的总效果=7%的书面语言+38%的音调+55%的面部表情。

（一）目光

目光，也称为眼神，是面部表情的核心，它能够生动地反映一个人的心理活动。在社交活动中，目光坦诚、亲切、友善、炯炯有神，才能树立良好的交际形象。

1．目光的组成

目光主要由注视的角度、注视的部位和注视的时间组成。

（1）注视的角度。注视的角度不同，目光的含义也不同。

- **俯视**：一般表示爱护、宽容或傲慢、轻视。

- 正视：一般表示平等、公正或自信、坦率。
- 仰视：一般表示尊敬、崇拜或期待。
- 斜视：一般表示怀疑或轻蔑。

在社交活动中，应多用平视或仰视的目光注视交际对象眼鼻之间的部位，表示重视对方或对其发言颇感兴趣。

（2）注视的部位。在社交活动中，在不同场合或针对不同对象时，目光注视的部位是有所差别的。

- 公务注视：在办公场合或公务活动中，目光一般应注视交际对象额头至双眼之间的区域，以表示严肃、认真或有诚意。
- 社交注视：在茶话会、朋友聚会等一般社交场合，目光一般应注视交际对象双眼至嘴唇之间的区域，以表示尊重或重视对方。
- 亲密注视：在与关系密切的人（如亲人、恋人等）交往时，目光可注视对方双眼至胸部之间的区域，以表示亲近、友善。

（3）注视的时间。一般情况下，目光注视对方的时间宜占与之相处时间的30%～60%，以表示友好和重视；注视时间不到全部相处时间的30%，就意味着轻视；而注视时间超过全部相处时间的60%，则意味着有敌意或者有寻衅滋事的嫌疑，是非常失礼的行为。

2. 目光的运用

在社交活动中，应善于灵活地运用目光。

（1）被介绍给他人时可注视被介绍人稍久一点儿，并微微点一下头，以示尊重。

（2）在谈话过程中，若想中断他人的话，则可有意识地将目光转向他处片刻；若交际对象因说错了话而显得害羞或不安，则应用柔和、理解的目光继续注视对方，而不应马上转移视线，以免使其更尴尬或使其误认为被嘲讽；若与交谈对象的谈话出现冷场，则不宜继续注视对方，以免尴尬加剧。

（3）为他人送别时应用惜别的目光目送对方走远，直至其走出一段路且不再回头，以示尊重。

（二）笑容

笑容是人际交往中的润滑剂，可以有效地增添自信、美化形象、传递友好、消除隔阂，缩短与交际对象之间的心理距离，为进一步的沟通与交往创造良好氛围。

1. 笑容的种类

（1）含笑，即不出声，不露齿，只是面带笑意，通常表示友善或接纳。

（2）微笑，即嘴角微微上扬，唇部呈弧形，齿不外露，面带笑意，通常表示自信或友好。

（3）轻笑，即嘴巴微张，嘴角上扬，露出上齿，喜形于色，不发出笑声，通常表示欣喜或愉快。

2. 笑容的要求

（1）笑容和谐。笑的时候应协调眉毛、眼神、嘴巴、牙齿和面部肌肉，展示亲切、大方的和谐美。

（2）声情并茂。笑的时候应注意将笑容与美好的举止、谈吐相结合，使其相得益彰。

（3）发自内心。笑的时候必须真诚自然、表里如一，切忌强颜欢笑、假意奉承、放肆大笑，或者假笑、冷笑、怪笑、傻笑、媚笑、窃笑、怯笑、狞笑等。

礼仪故事屋

笑容的力量

在苏州某宾馆，一位客人外出后，他的一位朋友来访，要求进入他的房间去等候。由于客人事先没有留言交代，因此总台服务员没有答应来访人员的要求。客人回来后见朋友还坐在大堂沙发上等候，十分不悦，并与服务员争执起来。

大堂副经理小李闻讯赶来，刚开口解释，客人就把她作为泄怒的对象，指着她呵斥起来。小李明白在这种情况下做任何解释都是毫无意义的，于是采取冷处理的办法——让客人尽情发泄，自己则默默地看着客人并“洗耳恭听”，脸上始终保持着亲切友好的微笑。一直等到客人把话说完并平静下来后，小李才心平气和地告诉客人酒店的有关规定，并对刚才发生的事情表示歉意。客人接受了小李的劝说，并诚恳地表示：“你的微笑征服了我，而我刚才那么冲动，真的很不应该！希望下次来宾馆时能有幸再见到你亲切的微笑。”

六、手势礼仪

手势是最具表现力的一种肢体语言。手势的美是一种动态美，若做得适度，会给人以优雅、含蓄、彬彬有礼之感。

（一）手势的运用原则

（1）手势应规范、美观。使用手势时应热情、大方，确保手势与全身姿态相协调。同时，手势应给人一种优雅、含蓄之美，其动作幅度不要太大。

（2）注意手势含义的地域性差异。同一地域的手势往往具有约定俗成的含义。不同地域或国家的手势含义往往具有很大差异。因此，在有外国人的场合使用手势时应当注意手势含义的差异。

（3）使用手势应适度。手势的使用要规范、适度，否则有可能适得其反。在人际交往活动中，能用有声语言讲清楚时应尽量少用手势。说话过程中全程比画、手舞足蹈是令人生厌的。

（二）常用的手势

1. 引领他人

在社交场合为他人指示方向、请他人进门、请他人坐下等情况下，都需要用到引领手势。引领手势的基本要领：五指并拢，掌心向上，身体略微前倾，面带微笑，在注视目标方向的同时兼顾对方是否会意，以肘关节为轴挥动手臂，为他人指示方向。各种常用的引领手势如图 2-32 所示。

（a）请坐　（b）请往前走　（c）请进　（d）里边请　（e）大家请

图 2-32　常用的引领手势

2．递接物品

一般而言，递接物品时应起身站立，然后用双手递送或接取物品，同时，上身略向前倾。若不方便双手并用，则可用右手递接，切忌仅用左手递接；若递接双方距离过远，则应先主动走近对方，再用双手递接。需要注意的是，递送带尖、带刃或其他易伤人的物品时应将尖、刃朝向自己，做到“授人以柄”。

3．举手致意

在社交场合，有时需要举手向他人表示问候、致敬、感谢之意。如在相距较远又不能高声应答的情况下，悄然无声地举手示意可以将自己对他人的友好和礼貌之情传达出去。

举手致意时手臂不能乱摆动，正确的做法是：全身直立，面向对方，至少上身与头部要朝向对方；目视对方，面带笑容；右手手臂由下而上，向侧上方伸至肩以上；掌心朝向对方，指尖朝上，轻轻摆动几下手掌。

知礼善用

求职面试，个人形象不能马虎

任务描述

小李是一名即将毕业的应届毕业生，目前正在找工作。这天，小李接到某著名企业的面试通知，要求其 3 天后前去面试。小李对此次面试十分重视，除在简历及专业知识上的准备外，其还想让自己的个人形象更加完美，以给面试官留下一个良好的第一印象。

假如你是小李，请你根据所学知识对自己的仪容仪表进行修饰，并训练自己的仪态礼仪，以使自己的个人形象更加完美。

任务分组

全班学生以 4～6 人为一组进行分组，各组选出组长，并将小组成员情况填入表 2-1。

表 2-1　小组成员情况

班级		组号		指导教师	
小组成员	姓名	学号	自我简介		
组长					
组员					

任务准备

回忆所学知识，熟悉仪容修饰的重点及服饰搭配的要点，熟记站姿、坐姿、走姿、蹲姿的动作要领，以及表情和手势礼仪的运用要点，通过网络下载相关视频并准备所需物品（见表 2-2）。

表 2-2　所需物品清单

序号	名称	用途	数量	备注

任务实施

进行仪容仪表修饰和仪态礼仪训练，并将具体实施情况记录在表 2-3 中。

表 2-3　实施情况记录表

时间安排	实施步骤
	1．仪容修饰 ① 请教师示范或观看淡妆相关视频，学习职业淡妆的化妆技巧。 ② 练习化妆（男生主要进行面部修饰），并将自己化妆前后的照片打印出来贴在下面空白处，进行对比。

表 2-3（续）

时间安排	实施步骤
	③ 请教师对自己的化妆成果进行点评，并根据教师意见修改妆容。将修改后的妆容照片打印出来贴在下面空白处。
	2．服饰搭配 ① 观看服饰搭配相关视频，学习服饰搭配技巧。 ② 尝试为此次面试搭配合适的服饰，并将照片打印出来贴在下面空白处。 ③ 请教师对自己的搭配成果进行点评，并根据教师意见修改。
	3．仪态礼仪训练 ① 以小组为单位进行统一练习和个别练习，学生相互纠正。 ② 在练习时可进行摄像，然后播放录像，了解自己的各种姿势是否正确、动作是否到位。 ③ 请教师进行指导和纠正，并反复训练以达到标准要求。

评价反馈

各组配合指导教师完成如表 2-4 所示的考核评价表。

表 2-4 考核评价表

项目名称	评价内容	分值	评价分数		
			自评	互评	师评
知识、技能考核（60%）	掌握仪容修饰的重点，能够根据所学知识进行仪容修饰，学会化职业淡妆	20			
	掌握服饰搭配的要点，能够根据所学知识，搭配出适合参加面试的服饰	20			
	熟记站姿、坐姿、走姿、蹲姿的动作要领，以及表情和手势礼仪的运用要点，并通过反复训练达到标准要求	20			
综合素质考核（40%）	积极实施任务	10			
	能将所学知识运用于实践	10			
	具备良好的团队合作意识	10			
	态度认真，做事细致	10			
合计		100			
总评	自评（20%）+互评（20%）+师评（60%）=	教师（签名）：			

匠心筑梦

全国劳动模范陈爱华：“每一件衣裳都需要被读懂”

旗袍，会说话；西装，会说话；制服，也会说话……

每一件衣裳都需要被读懂，读懂了，才能洗出专业水准——这是上海正章实业有限公司技术总监陈爱华的职业信条。从业 25 年，陈爱华荣誉等身，从一名普通工人成长为全国劳模，同时她也是上海洗衣行业中唯一的技能大师。

“60 岁旗袍”修旧如旧

一件真丝旗袍，曾是嫁衣，在箱底压了 60 年。60 年后，当年的新娘已是老太太，想再穿一穿当年的嫁衣。于是，“60 岁旗袍”就送到了陈爱华手上。

褪色，脱线，珠花掉落……很难修理，可陈爱华还是决定试一试。洗涤、去渍、补色、修复……前后十多道工序花了 20 多天时间。珠花是 60 多年前的老工艺，上海配不到货，她就特地去浙江海宁配货；珠子太新，她就特意做旧。旗袍金线是手绣的，手法独特，她就跑去请教老师傅……千辛万苦，旗袍修旧如旧，终于送回到老太太手上。

老太太对着洗衣店的试衣镜比了一下，突然放下衣裳转身走出了门。过了一会儿，老太太拿来一个信封塞给陈爱华，竟是 2 万元钱。陈爱华谢绝了老人的好意，“洗衣都是明码标价，额外的钱一分不收。只要您满意，我就很高兴了！”

25 年来，陈爱华“救活”过很多难洗的衣裳，“60 岁旗袍”只是其中一件。因为技能拔尖、技艺精湛，陈爱华被称为上海破解洗衣疑难杂症“第一人”。

重大任务“零事故”

2010 年上海世博会期间，陈爱华连续 184 天未休，每天 23 时至次日 3 时进驻场馆服务，确保及时维护特殊面料、衣物织品，得到一致好评。

2014 年亚信上海峰会，陈爱华负责熨烫各国国旗。国旗无一备用，又不能带出会场。陈爱华带领徒弟，用最传统的水滴法和手感将熨斗温度控制在“最优 120℃”，巡烫、焖烫，轻轻提，慢慢移，一气呵成。最终，108 面国旗没有丝毫闪失。

2018 年进博会期间，面对衣物款式种类多、面料复杂、工作时间紧等困难，陈爱华带领团队，分类单独制订洗涤流程，采用单车摇摆洗涤方法、蒸汽充烫等新方法，圆满完成任务。

陈爱华的精湛技艺，一次次经受住了重大任务考验，确保“零事故”。

“洗衣技艺，进步无止境。有了成熟的技艺，更应该将它传授出去！”陈爱华先后成立了首席技师工作室、技能大师工作室，改造新设施、独创新模式、培养新人才，提升整个洗衣行业的专业素质。

项目三

进退有度，展现君子风范——日常交往礼仪

项目导读

随着人们社会交往的日益频繁，越来越多的人意识到了礼仪的重要性。知礼、懂礼、守礼，以及恰到好处的施礼，是每个人立足社会的基本要求，也是人们成就事业、收获美好人生的重要条件。本项目介绍了日常交往中常用的礼仪规范，包括见面礼仪、交谈礼仪、电话礼仪、拜访礼仪、接待礼仪、馈赠和受赠礼仪。

学习清单

完成一项学习任务后，请在对应的方框中打钩。

课前预习	□	1．准备学习用品，预习课本知识
	□	2．通过网络了解见面礼仪、交谈礼仪、电话礼仪、拜访礼仪、接待礼仪、馈赠与受赠礼仪的相关知识
	□	3．回想自己在生活中与人交谈的情景、打电话的情景、到他人家中做客的情景等，想一想自己在与他人的日常交往中是否有失礼之处
课中学习	□	1．掌握见面礼仪中的称呼礼仪、介绍礼仪、名片礼仪和握手礼仪
	□	2．了解交谈礼仪，能恰当地选择交谈话题，自然得体地与人进行交谈
	□	3．熟悉拨打、接听电话的礼仪，能礼貌地接听和拨打电话
	□	4．掌握拜访礼仪，能礼貌地进行拜访
	□	5．掌握接待礼仪，能针对不同的来访者，礼貌地进行接待
	□	6．掌握馈赠礼仪，能够在交往中得体礼貌地馈赠礼物
实践练习	□	1．积极、认真地参与实践活动
	□	2．剧本情节合理，具有可实施性
	□	3．能够根据所学知识，做好拜访准备，并且在整个拜访过程中礼貌得体
	□	4．能够根据所学知识，做好接待准备，并且在整个接待过程中礼貌得体
	□	5．能够通过情景模拟活动，明确自身在日常交往礼仪方面的不足，并积极完善
	□	6．在活动过程中，与同学协调配合，提升协作能力

礼行天下

聚会上碰壁的孙先生

在一次聚会上，孙先生穿着一身名牌，信心百倍地走进会场。他一眼看到自己很想结交的社会名流陆老，于是直接走上前去，伸出手，自我介绍道："陆老，您好！我是万达公司的经理孙××。"陆老伸出手，与他轻轻握了握，之后并没有理睬孙先生，而是与其他人寒暄去了，没有留给孙先生搭讪的机会。

孙先生有些无趣，只好转向寻找其他的自己觉得有必要交往的人。这时有一位先生与他擦肩而过，那位先生礼貌性地点头致意，孙先生满脑子想的是这个人我认识吗？他是谁？所以有些木然地走过去了。不久，孙先生才得知刚才与自己擦肩而过的是一位很成功的人士，而且正是自己想结交的能够在生意场上给自己很大帮助的人。

问题

孙先生在聚会上的表现有哪些失礼之处？想要认识某人时，我们该如何做？

知礼明礼

任务一 了解见面礼仪

见面礼仪是日常交往礼仪中最常用、最基础的礼仪，人与人之间的交往都要用到见面礼仪。见面礼仪主要包括称呼礼仪、介绍礼仪、名片礼仪和握手礼仪。

一、称呼礼仪

称呼是人们在日常交往中所采用的彼此之间的称谓。它是人际交往的开场白，亲切而得体的称呼可以缩短人们感情上的距离，拉近人们之间的关系，是人际交往中不可或缺的礼仪因素。

在社交活动中，对于不同场合的不同交际对象，需要采用不同的称呼规则。因此，我们必须掌握称呼的使用规则。

（一）生活中的称呼

生活中的称呼具有亲切、自然等特点。按照与交往对象亲疏关系的不同，可从以下三个方面来灵活选用具体的称呼方式。

1. 对陌生人的称呼

对于陌生人或初次交往者，可根据具体情况采用以下称呼方式：

（1）在较正式的场合，通常以“先生”称呼男性，以“女士”称呼女性。

（2）在非正式场合，通常可按当地习俗，采用对方理解并可接受的称呼相称，如“大哥”“大姐”“大叔”“大妈”等。

2．对朋友、熟人的称呼

对于朋友、熟人，可根据具体情况采用以下称呼方式：

（1）直接以姓名相称，如“李小芬”。这种称呼通常适用于平辈、晚辈或年龄相仿的朋友。

（2）只称其姓，不呼其名，并在其姓的前面加上“老”“大”或“小”等字，如“老王”“大陈”“小张”等。这种称呼通常适用于关系比较亲密的朋友或熟人。

（3）不称其姓，直呼其名，如称“王凤鸣”为“凤鸣”。这种称呼通常适用于关系很亲密的朋友或熟人。

（4）采用类似于血缘关系的称呼（如“大娘”“大伯”“叔叔”“阿姨”等），或者在这类称呼前加上对方的姓氏（如“刘大哥”“张阿姨”等）。这种称呼通常适用于邻居、街坊等熟人。

3．对亲属的称呼

对亲属的称呼可分为对亲属本人的称呼和面对外人时对亲属的称呼。

（1）对亲属本人的称呼。

- 按照约定俗成的方式称呼，如称母亲的父亲为“姥爷”，称父亲的父亲为“爷爷”，称姑、舅之子为“表兄”“表弟”，称叔、伯之子为“堂兄”“堂弟”等。
- 直呼其名或使用爱称，如称“张兰芬”为“兰芬”或“芬芬”。这种称呼只可适用于平辈、晚辈或年龄比自己的小的亲属，而不可适用于长辈或年龄比自己大的亲属。

（2）面对外人时对亲属的称呼。

面对外人时，对亲属的称呼又可分为对自己亲属的称呼和对他人亲属的称呼。前者应采用谦称，而后者应采用敬称。

具体而言，对自己亲属可采用以下称呼方式：

- 在普通称呼前加“家”字，如“家父”“家姐”等。这种称呼适用于长辈或年龄比自己大的亲属。
- 在普通称呼前加“舍”字，如“舍弟”“舍侄”等。这种称呼适用于晚辈或年龄比自己小的亲属。
- 在普通称呼前加“小”字，如“小儿”“小婿”等。这种称呼常用于称呼自己的子女。

对他人亲属可采用以下称呼方式：

- 在普通称呼前加“尊”字，如“尊母”“尊父”等。这种称呼常用于称呼交际对象的长辈。
- 在普通称呼前加“贤”字，如“贤妹”“贤侄”等。这种称呼常用于称呼交际对象的晚辈或平辈。
- 在普通称呼前加“令”字，如“令尊”（对方的父亲）、“令堂”（对方的母亲）、“令荆”（对方的妻子）、“令爱”（对方的女儿）、“令郎”（对方的儿子）等。这种称呼一般不分辈分和长幼。

礼仪小贴士

中国素来被称为“礼仪之邦”，尊人谦己已深入人心，古代一些尊称、谦称被沿传至今。在现代交际场合中，适当地使用这些尊称和谦称，不仅可以表现出对他人的尊敬，而且可以显示自己良好的文化涵养。

（二）公务活动中的称呼

公务活动中的称呼具有正式、庄重、规范等特点，通常可分为以下几种。

1. 职务性称呼

职务性称呼，即以交往对象的职务相称，以示身份有别、敬意有加。这种称呼具体可分为以下3种形式：

（1）仅称职务，如“经理”“主任”等。

（2）在职务前加上姓氏，如“周经理”“王处长”等。

（3）在职务前加上姓名，如“胡林涛总经理”“郑乐云主任”等。需要注意的是，这种称呼通常适用于极其正式的场合。

2. 职称性称呼

职称性称呼，即对于有职称的人，尤其是具有高级或中级职称的人，直接以其职称相称。这种称呼具体可分为以下3种形式：

（1）仅称职称，如“教授”“工程师”等。

（2）在职称前加上姓氏，如“李教授”“王工程师”等。这种称呼有时也可简化，如将“王工程师”简称为“王工”，但其使用前提是不会产生歧义，让人误会。

（3）在职称前加上姓名，如“李明教授”“王涛工程师”等。这种称呼通常适用于比较正式的场合。

3. 职业性称呼

职业性称呼，即对于从事某些特定职业的人，直接称呼其职业，如称警察为“警官”，称医护人员为“医生”“护士”等。一般而言，此类称呼前均可加上被称呼者的姓氏或姓名。

4. 姓名性称呼

姓名性称呼，即直接称呼交往对象的姓名。这种称呼与日常交往中对朋友、熟人的称呼相似，可根据具体情况直呼对方姓名，或只称其姓，不呼其名，或只呼其名，不称其姓。其中，只呼其名，不称其姓的称呼方式通常限于同性之间，且常适用于上级称呼下级。

5. 性别性称呼

性别性称呼，即根据交往对象的性别称其为“先生”或“女士”。当了解到对方的姓氏时，必须第一时间在称呼前加上对方的姓氏。此外，在国际交往场合，通常还可称已婚女性为“夫人”。

（三）使用称呼的注意事项

1. 称呼多人时应有礼有序

通常，在多人场合称呼他人时，应按照先疏后亲、先长后幼、先女后男、先上级后下级的顺序进行。

2. 切忌使用错误的称呼

错误的称呼主要是指误读和误会。误读即念错他人姓名，如将多音字或不认识的字念错；误会即错误判断了他人的年龄、辈分、婚姻状况及与其他人的关系，如称未婚妇女为“夫人”，误认为某男士与某女士为夫妻关系而称呼错误等。避免使用错误称呼的主要方法是事先积极查证、了解，或临时谦虚请教。

3. 切忌使用不通行的称呼

有些称呼具有一定的地域性，如山东人喜欢称呼他人为“伙计”，但该称呼在南方人听来则是“打工仔”的意思。使用不通行的称呼容易引起他人的误解，因此，在称呼他人之前一定要了解当地的风俗或习惯，选用正确、恰当的称呼。

4．切忌称呼外号

在社交活动中，切忌给他人取外号或以道听途说来的外号去称呼他人，如“秃子”“四眼儿”“瘦猴儿”等。

5．避免语音不当的称呼

有些姓氏和普通称呼搭配时的语音，会让人产生误会或陷入尴尬局面。例如，称姓付的局长为“付局长”，可能会使人误认为其为副职；称姓戴的市长为“戴市长”，可能会使人误认为其为临时代职等。面对这种语音不当的称呼时，正确做法是去其姓氏而直接称其职务。

二、介绍礼仪

介绍是指通过自己主动沟通或通过第三人从中沟通，从而使交往双方相互认识、建立联系的一种社交方式。在社交活动中，常用的介绍方式主要有自我介绍和介绍他人。

（一）自我介绍

自我介绍是指与他人初次见面时，将自己介绍给他人，使其认识自己。自我介绍是结识新朋友、扩大交际圈的有效方法，合乎礼仪的自我介绍能够有效地展示个人修养和魅力，给他人留下良好印象。

1．自我介绍的方式和内容

在不同场合下或针对不同的交往对象，通常应采取不同方式的自我介绍。一般而言，自我介绍的方式主要有以下几种：

（1）应酬式自我介绍，主要适用于某些公共场合和一般的社交场合（如旅途中、舞会上等），主要针对泛泛而交的交往对象，用于向对方表明自己的身份。这种自我介绍的内容少而精，往往只包括姓名，如“您好！我叫张丽”。

（2）公务式自我介绍，主要适用于工作场合，其内容应包括姓名、所在单位及部门、担任的职务等。其中，姓名必须完整，即有姓也有名；所在单位及部门应为全称，有时可只报出单位名称；若职务较低或无职务，则可报出所从事的具体工作。例如，“您好！我叫王红敏，是宏达日用品公司的业务经理”“您好！我叫张青，在北京理工大学人文与社会科学学院教外国文学”等。

（3）交流式自我介绍，主要适用于一般的社交场合，通常用于寻求与交往对象的进一步交流和沟通。这种自我介绍的内容一般包括姓名、工作、籍贯、爱好，以及与交往对象有某些联系的事物。例如，“您好！我叫张静芬，在昌隆外贸公司工作，河北人。我和您一样，喜欢打羽毛球”“您好！我叫李彤，在新时空传媒公司工作。您的同学赵波是我的同事，他常向我提起您”等。

（4）礼仪式自我介绍，主要适用于讲座、报告、演出、庆典、仪式等一些正式而隆重的社交场合，用于向交往对象表示友好和敬意。这种自我介绍的内容包括姓名、单位、职务等，同时，还应加入一些表示欢迎、感谢之类的谦辞、敬辞等。例如，“各位来宾，大家好！我叫张萌，是新时空传媒公司的业务经理。我代表本公司全体员工欢迎大家参加今天的周年庆典，愿各位在此度过一个美好的周末”。

（5）问答式自我介绍，主要适用于应试、应聘、公务交往等社交场合，其主要特点是“你问我答”。这种自我介绍的内容应与交往对象所提的问题相对应。例如，主考官说“您好！请介绍一下你的基本情况”，应聘者回答“您好！我叫李兴然，24岁，河南洛阳人，汉族……”。

2．自我介绍的注意事项

在进行自我介绍时，除了应注意方式和内容之外，还应注意以下事项：

（1）注意顺序。多人相互自我介绍时，通常应按照以下顺序进行：

- 主人与客人相互介绍时，主人应先作自我介绍。
- 男士与女士相互介绍时，男士应先作自我介绍。
- 长辈与晚辈相互介绍时，晚辈应先作自我介绍。
- 职位高者与职位低者相互介绍时，职位低者应先作自我介绍。

（2）讲究态度。进行自我介绍时，一般应保持站立姿势，面带微笑，目光坦然，语气平和，举止端庄、大方，表现出亲切、自然、友善的态度。

（3）把握时间。首先，自我介绍应在对方有空闲、情绪较好、有兴趣认识自己时等合适的时间点进行，切勿在对方休息、用餐、忙于处理事务、心情不好时等时间点进行，否则可能会引起对方的反感，不利于进一步沟通。其次，自我介绍的时间一般应控制在一分钟之内，否则会显得啰嗦，易使对方厌烦。

（二）介绍他人

介绍他人是指作为第三方为彼此不相识的双方引见，使他们相互认识，从而建立联系。其中，被介绍的双方为被介绍人，介绍双方的人为介绍人。

1. 介绍人的确定

介绍人身份的确定是有一定规则的。通常，有下列身份的人可以充当介绍人：

- 社交活动中的东道主，通常是东道主一方的长者，地位、身份较高者或主要负责人员。
- 家庭聚会中的女主人。
- 公务活动中的专职人员，如接待人员、公关人员、礼宾人员、秘书、办公室主任等。
- 熟悉被介绍人双方的人。
- 应被介绍者一方或双方要求的人，或者被其他人指定的人。

2. 介绍他人的方式和内容

介绍他人时，应根据不同场合或不同需要，采用不同的方式进行。通常，介绍他人的方式有以下几种：

（1）标准式介绍，主要适用于正式场合，其内容以被介绍人的姓名、单位、职务等为主。例如，“李总，您好！请允许我为您介绍，这位是宏丰公司的销售部经理张明先生。张经理，这位是富盛公司的总经理李勇先生。”

（2）简介式介绍，主要适用于一般的社交场合，其内容往往只包括被介绍人的姓名。例如，“您好！我来介绍一下，这位是王芳，这位是张栩。二位彼此认识一下吧”。

（3）强调式介绍，可适用于各种交际场合，其特点是介绍人刻意强调自己与其中某位被介绍人之间的关系，以便引起另一位被介绍人的重视。例如，“张经理，您好！请允许我介绍一下，这位是刘艳，在灵感传媒有限公司工作，是我的侄女，请您多多关照！刘艳，这位是宏丰公司的销售部经理张明先生”。

（4）推荐式介绍，通常适用于比较正式的场合，其特点是介绍人将某位被介绍人举荐给另一位被介绍人，并着重介绍前者的优点或专长。例如，“曾总，您好！这位是东方科技公司的王智先生。王先生是一位经济学博士，而且是一位企业管理方面的专业人士。我相信王先生能给您提供一些管理方面的好建议”。

3. 介绍他人的顺序

介绍他人通常遵守“尊者居后”的原则，即让受尊重程度较高者拥有优先知情权。

在较正式的社交场合中，介绍他人的顺序大致有以下几种：① 先将男士介绍给女士；② 先将晚辈介绍给长辈；③ 先将主人介绍给客人；④ 先将学生介绍给老师；⑤ 先将家人介绍给同事、朋友；⑥ 先将未婚者介绍给已婚者；⑦ 先将职位低者介绍给职位高者；⑧ 先将晚到者介绍给早到者。

4. 介绍他人时的注意事项

介绍人在介绍他人时除了应注意方式、内容和顺序外，还应注意以下事项：

（1）了解情况和意愿。在介绍他人之前，介绍人应先了解一下被介绍人双方的情况，以免张冠李戴。同时，应先征求一下双方的意愿，以免为本来相识或不愿相识的双方去做介绍，致使三方尴尬。

（2）注意态度和姿势。介绍他人时，介绍人应态度友好、仪态文雅。一般而言，介绍人应站在被介绍人双方的中间，上身略微前倾，掌心向上，五指并拢、伸直，前臂绷直并略向外伸，指向被介绍人的其中一方，同时，面带微笑地注视另一方。切忌用手拍打被介绍人的肩、胳膊、腰等部位。

（3）把握语言和时间。介绍他人应当言辞准确，完整地表述被介绍人的姓名和头衔，不可含糊其词。同时，介绍的语言应简洁，以便双方能相互记住对方的姓名及基本信息。此外，介绍时应避免厚此薄彼，否则，有失礼仪。介绍的时间不宜过长，通常应控制在两分钟之内。

（4）注意引导。介绍他人结束后，介绍人应稍停片刻，引导被介绍人双方进行交谈后再离开。

5. 被介绍人应注意的礼仪

当被他人介绍时，被介绍人应做出恰当的反应，具体包括以下几点：

（1）在介绍人询问自己是否有意认识某人时，一般不应拒绝，而应欣然接受。若实在不愿意，则应说明缘由。

（2）在介绍人走上前来开始为双方做介绍时，被介绍人双方均应起身站立，面带微笑，大方地注视对方，以示友好、尊重。

（3）在介绍人介绍完毕后，被介绍人双方应按合乎礼仪的顺序握手致意或相互点头微笑致意，彼此问候对方，并进行适当的交谈。

礼仪训练营

请同学们分成几组，分设情境，根据所学介绍他人的知识进行介绍他人的练习。

礼仪知识窗

集体介绍

当被介绍者中的一方或双方不止一人，甚至是许多人时，为他们所作的介绍就是集体介绍。集体介绍实际上是介绍他人的一种特殊形式。

介绍人在为集体做介绍时通常应按以下顺序进行：

若被介绍人双方的身份、地位大致平等或难分高低，应遵循“先少数后多数”的原则，即先介绍人数较少的一方，后介绍人数较多的一方。在介绍其中一方时，应由尊而卑逐一介绍。

若被介绍人双方的身份、地位存在明显差异，则应先介绍位卑的一方，后介绍位尊的一方，即使后者人数较少，甚至只有一个人，也应最后加以介绍。

三、名片礼仪

扫一扫

名片礼仪

名片是一种记录了个人主要信息的精美卡片，它能够表明个人身份、体现个人风格。在社交活动中，恰当地使用名片能够有效地显示自己的涵养与风度，促进人际交往与沟通。

（一）名片的用途

1. 自我介绍

名片是自我介绍的重要辅助工具。与交往对象初次见面时，可以使用名片向对方做自我介绍。这样可以快速表明身份，从而节省时间并强化效果。

2. 保持联络

名片上通常记录了联系方式。在人际交往中，向他人递送名片或与之互换名片，能够获得一定的联系方式，以便与对方保持联络，进而促进交往。

3. 通报变更

当更换了单位、调整了职务或更换了电话号码时，将变更了信息的名片递交给曾经的交往对象，就能将自己的最新情况告诉对方，以使彼此的联系保持畅通。

4. 拜会他人

初次前往他人工作单位或住所时，可将自己的名片交给对方的接待人员，由其转交给被拜访者，以便对方确认拜访者的身份后再决定是否见面，从而避免冒昧造访而引起他人反感。

5. 充当留言单

当拜访某人而不遇时，可用铅笔在本人名片上简单写上具体事由，并在名片左下角写上“n.b.”（意为“请注意”），然后托他人转交给对方，以便对方见到名片时“如见其人”并知晓其事，避免误事。

礼仪知识窗

名片上缩写文字的含义

按照国际流行的做法，用铅笔在名片左下方写上以下缩写的法文，可以表示特定的含义：

n.b.表示“请注意”，通常用于提醒对方留意附言。

p.m.表示“备忘”，通常用于提醒对方注意某事。

p.p.表示“介绍”，通常用于向对方介绍某人。

p.f.表示“祝贺”，通常用于恭贺节日或其他固定纪念日。

p.f.n.a.表示“恭贺新禧”或“新年愉快”。

p.c.表示“谨唁”，通常在悼念逝者时使用，以表示慰问。

p.p.n.表示“慰问”，通常用于问候病人。

p.p.c.表示“辞行”，通常用于向他人告别。

p.r.表示“谨谢”，通常用于在收到礼物或受到款待后表示感谢。

（二）名片的使用

1．准备名片

在社交活动中，社交者应有意识地准备或携带足够数量的名片（名片必须完整、洁净、平整、有序），将其放入专门的名片夹内，并将名片夹存放在合适的位置，以便拿取。穿西装时，应将名片夹放在左胸内侧的口袋里；不穿西装时，可将名片夹放在上衣口袋或随身携带的公文包里。

切忌将名片放在钱包、裤袋或裙兜里，否则，是非常失礼的。此外，不可将名片与接收的他人名片混放在一起，以免慌乱中误将他人名片递送出去而致使他人误解。

2．递送名片

在社交活动中，若希望结识他人或与他人建立联系，可以主动向其递送名片。递送名片时应当遵守以下礼仪规范：

（1）把握时机。递送名片应把握适宜的时机，不宜过早或过晚。通常，在以下情况下递送名片最合适：① 与对方初次见面或握手告别时；② 与对方相谈甚欢时；③ 自己被他人介绍给对方时；④ 对方提议交换名片或向自己索要名片时；⑤ 想获得对方的名片时。切忌在对方用餐、与他人交谈或忙于其他事务时向其递送名片，否则极易引起对方的反感。

（2）态度恭敬。递送名片时，应主动起身并走近对方，面带微笑，注视对方，将名片正面朝上、文字正对对方，用双手的拇指和食指持握名片上端的两角，举至胸前，上身略微前倾，恭敬地递给对方（见图 3-1），并略道谦恭之语，如“张总，这是我的名片，请多关照”“王先生，希望我们保持联系”等。

图 3-1　递送名片的姿势

礼仪小贴士

切忌采用以下方式递送名片：① 开枪式，即用食指和中指夹着名片递送给对方；② 投弹式，即把名片投给或扔给对方；③ 布雷式，即把名片递放到桌上而不是对方手中；④ 自助式，即把名片夹递向对方，让对方动手从中拿取名片。

（3）讲究顺序。一般而言，两人交换名片时，应按如下顺序进行：① 男士先向女士递送；② 辈分较低者先向辈分较高者递送；③ 职位较低者先向职位较高者递送；④ 主人先向客人递送。此外，需要向多人递送名片时，应按照由尊至卑、由近及远或顺时针的顺序依次进行，切忌“跳跃式”地进行。

礼仪小贴士

若在向对方递送名片的同时，对方向自己递送名片，则应暂时放下自己的名片，先接过对方的名片，再递上自己的名片。

3. 接受名片

（1）态度恭谦。当他人向自己递送名片时，应立即放下手中的一切事务，起身相迎，面带微笑，目视对方，点头致意，用双手的拇指和食指接住名片下端的两角（见图3-2），并略道恭谦之语，如“很高兴认识您”“能得到您的名片，我深感荣幸”等。

图3-2　接受名片的姿势

（2）认真阅读。接过名片之后，应认真地将名片内容默读一遍，遇有显示对方荣耀的职务或头衔时，可轻声读出，以示尊敬和敬佩。若对名片内容有所不明，则可当场请教对方，以示重视。切忌在接过他人名片之后，不看就随手放入口袋、放在手中把玩或直接转交给其他人。

（3）妥善存放。在阅读了对方的名片之后，应谨慎地将其放入名片夹、上衣口袋、公文包或办公桌抽屉里，以示尊重和珍惜。切忌将对方的名片随意扔到桌上、夹到书中、压到杯子下等，否则，就是不尊重对方的表现，会引起对方的反感甚至恼怒。

礼仪故事屋

因名片而错失的生意

某公司经理王某在咖啡厅约见了一位重要客户李某。双方见面后，李某向王某递上自己的名片，并有礼貌地说：“王总，您好！这是我的名片。”王某接过名片后草草地看了一下，就将名片随意地放到了桌上，并开始与李某谈论合作事宜。过了一会儿，服务人员端来咖啡并请二位慢用。王某端起咖啡喝了一口，便将咖啡杯放在了李某的名片上。这一举动令李某皱了皱眉头，但王某并没有察觉到。

在接下来的谈话中，李某未与王某就合作事宜进行实质性的洽谈，而是礼貌地寒暄一阵之后就托词告别了。

（4）回递名片。在接受了对方的名片之后，一般应立即回递名片，否则会让对方误认为无意与其交往。若尚无名片、忘带名片或名片用完了，则应向对方说明理由并致以歉意。必要时，可在一张干净的纸上写上自己的相关信息递给对方，或向对方承诺改日补上。

礼仪小贴士

中国人交换名片采用双手递、双手接，而西方人、阿拉伯人和印度人则习惯于用右手与他人交换名片，日本人则喜欢在一只手接过他人名片的同时，用另一只手递上自己的名片。因此，在涉外交际活动中，可先留意一下对方用什么方式交换名片，然后效仿其做法。

4. 索取名片

一般情况下，最好不要向他人索要名片。若确有必要，则可采取委婉的方式向对方索取。

向长辈或身份、地位比自己高的人索取名片时，可谦恭地进行，如“李教授，非常高兴能够认识您，请问以后怎样向您请教呢？”。向平辈或身份、地位与自己相仿的人索取名片时，可暗示性地进行，如“陈女士，以后如何与你联系呢？”；或者直接发问，如“陈女士，这是我的名片，能否有幸与您交换一下名片，以便日后联系？”

四、握手礼仪

握手是社交场合中最常见的一种礼节，它可以传达欢迎、惜别、祝贺、鼓励、感谢、慰问、信任等情感，能够促进交往双方之间的沟通与交流。

扫一扫

握手礼仪

（一）握手的姿势

1. 单手式握手

单手式握手的姿势规范如下：握手时，距离对方约一步（75 cm 左右），双脚立正，上身略向前倾，左臂下垂，右肘关节微屈，右前臂抬至腰部，伸出右手，四指并拢、拇指张开，与对方右手的虎口交叉、相握，如图 3-3 所示。为了表示真诚和热烈，可以握住对方的手上下轻轻摇晃几下。需要注意的是，男士与女士握手时，一般只宜轻握女士的手指部分，如图 3-4 所示。

图 3-3　单手式握手姿势

图 3-4　男士与女士握手

2. 双手式握手

双手式握手与单手式握手略有不同：握手时，伸出右手紧握对方的右手，再用左手握住对方的右手手背、前臂、上臂乃至肩部（见图 3-5）。这种握手方式旨在传递一种热情、真挚、诚恳、尊敬之情，且从手背开始，左手握住对方身体的部位越高，其表达的情感越深厚。但这种握手方式只适用于晚辈对长辈、身份较低者对身份较高者、亲朋好友之间或同性朋友之间，不宜适用于初次相识者或异性之间。

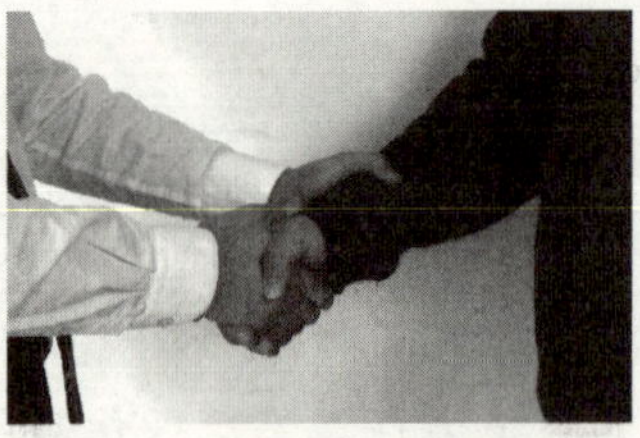

图 3-5　双手式握手姿势

（二）握手的要领

（1）神态。握手时，应面带微笑，目视对方的眼睛，神态自然、热情、专注，以体现对对方的友好和尊重。

（2）力度。握手的力度应当适中，不可过大也不可过小。力度过大，会让人承受不了或给人以粗鲁感；毫无力度或伸而不握，会给人以敷衍或缺乏热忱之感。具体而言，若对方是亲友，则握手力度可稍大一些；若对方是异性或初次相识者，则握手力度不可过大。

（3）时间。握手的时间通常以 3～5 秒为宜，不可过短也不可过长。时间过短，会给人以敷衍之感；时间过长，特别是对于异性或初次相识者，可能会使对方误会或不快。

（三）握手的顺序

握手时，讲究伸手的先后顺序。一般而言，握手顺序主要取决于性别、职位和身份等，遵循“尊者为先”的原则，具体规则如下。

- **女士优先：**女士先伸出手，男士才能伸手与之相握。
- **长者优先：**年长者伸出手后，年轻者才可伸手相握。
- **职位高者优先：**职位高者伸出手后，职位低者才可伸手相握。
- **迎送客时分先后：**迎客时，主人应先伸出手，主动与客人握手，以表示欢迎；送客时，主人不可主动握手，而应待客人伸手握别时才可与之握手，否则会有逐客之嫌。
- **先到者优先：**先到者与后到者握手时，应由先到者先伸出手。

若一个人需要和多人握手，则握手时应遵循“先尊后卑”的原则；若握手对象的尊卑差别不明显，则应按照顺时针或由近及远的顺序挨个进行，切勿顾此失彼。

礼仪小贴士

握手的顺序规则主要是用来律己的，而不是用来苛求他人的。在社交活动中，当他人伸出手与自己握手时，即使其违反了握手的顺序规则，我们也应积极地伸手与其相握，否则是有失礼仪的。

（四）握手的禁忌

- 切忌用左手与他人握手。
- 切忌戴着手套、墨镜或帽子与他人握手，但女士着礼服、戴薄纱手套时例外。
- 切忌拒绝与他人握手，若有手疾或手不干净，则应说明缘由，以免造成误会。
- 切忌交叉握手（即当两人握手时，第三者将胳膊从二人的胳膊上方伸过去与其他人握手），而应待他人握手结束后，再伸手相握。
- 握手时，切忌将另外一只手插在衣袋里或用另外一只手拿着东西。

- 握手时，切忌左顾右盼、心不在焉或面无表情。
- 切忌在与他人握手后立即擦拭自己的手或洗手。

礼仪训练营

请同学们分成几组，分设情境，根据所学握手的顺序及基本要领练习握手。

礼仪知识窗

常见的其他见面礼仪

1. 鞠躬礼

鞠躬礼是人们在生活中对别人表示恭敬的一种礼节，既适用于庄严肃穆、喜庆欢乐的仪式，也适用于一般的社交场合。晚辈对长辈、学生对老师、下级对上级、表演者对观众等都可行鞠躬礼。常用的鞠躬礼主要有以下 3 种:

（1）15 度鞠躬礼。头颈背成一条直线，双手自然放在裤缝两边（女士双手交叉放在体前），前倾 15 度，目光先落于体前约 1.5 米处，再慢慢抬起，注视对方，如图 3-6（a）所示。

（2）30 度鞠躬礼。头颈背成一条直线，双手自然放在裤缝两边（女士双手交叉放在体前），前倾 30 度，目光先落于体前约 1 米处，再慢慢抬起，注视对方，如图 3-6（b）所示。

（3）45 度鞠躬礼。头颈背成一条直线，双手自然放在裤缝两边（女士双手交叉放在体前），前倾 45 度，目光先落于体前约 0.5 米处，再慢慢抬起，注视对方，如图 3-6（c）所示。

（a）15 度鞠躬礼　（b）30 度鞠躬礼　（c）45 度鞠躬礼

图 3-6　鞠躬礼

2. 拥抱礼

在西方，特别是在欧美国家，拥抱礼是十分常见的见面礼与道别礼。在人们表示慰问、祝贺、欣喜时，拥抱礼也十分常用。

拥抱礼（见图 3-7）的做法：两人走近之后，先各自抬起右臂，把右手搭在对方左肩之后，随后向右侧拥抱，最后再向对方的左侧拥抱；拥抱次数为 3 次。在普通场合行礼，不必如此讲究，次数要求也不必如此严格。

图 3-7　拥抱礼

3. 合十礼

合十礼（见图 3-8）源自印度，亦称合掌礼，是以双手手掌十指相合的形式来向其交往对象致意的礼节，流行于泰国、缅甸、老挝、柬埔寨、尼泊尔等国家。

图 3-8 合十礼

合十礼主要有以下几种类型：

（1）跪合十。行礼时，右腿跪地，双手合掌于两眉中间，头部微俯，以示恭敬虔诚。

（2）蹲合十。行礼时，必须蹲下，并将合十的掌尖举至两眉间，以表尊敬。

（3）站合十。行礼时，要站立端正，将合十的掌尖置于胸部或口部，以示敬意。

在涉外交往活动中，社交者应当根据交往对象及其民族习俗的不同，选用合适的行礼方式。

任务二 掌握交谈礼仪

交谈是人们在日常交往中交流思想、沟通感情、建立联系、消除隔阂或协调关系的重要手段。俗话说："良言一句三冬暖，恶语伤人六月寒。"在社交活动中，要想获得良好的沟通效果，达到预期的交流目的，除在表达方面清晰、准确外，还应以"礼"取胜。

一、交谈的话题

话题即交谈的主题。在与他人交谈时选择合适的话题，不仅能够体现良好的风度和教养，而且能创造一个良好的交谈氛围，从而促进社交活动的顺利进行。

（一）选择话题的原则

一般而言，社交者在选择话题时，应当遵守因人而异的原则。与他人交谈时，应根据交谈对象的性别、年龄、性格、民族、职业、身份、文化水平等因素，选择合适的话题，以便交谈对象参与其中或与之产生共鸣，从而达到沟通与交流的目的。

（二）宜选的话题

1. 既定的话题

既定的话题即交谈各方事先商定的或其中一方事先准备好的话题。讨论问题、征求意见、传递信息等类型的交谈所涉及的话题一般都属于既定的话题。既定的话题最好由各方商定，若由一方确定，则应得到其他方的认可。

2. 擅长的话题

擅长的话题即交谈对象有研究、感兴趣或熟知的话题。例如，与作家交谈时，可选择文学创作方面的话题；与律师交谈时，可选择法律方面的话题；与球迷交谈时，可选择体育方面的话题等。这类话题可以为交谈对象创造发挥长处的机会，进而调动其交谈的积极性。

礼仪故事屋

老专家出山的故事

刘某成立了一家公司，想请老专家王老任其技术指导。但王老性情怪僻，并且已经退休，想请他出山估计没那么容易。即便如此，刘某还是想试一试。

经人介绍后，刘某在友人家中与王老见了面。但是，不管刘某多么殷勤，王老总是不买他的账。刘某正因此发愁时，王老掏出一本古钱币图谱目不转睛地看了起来。于是，刘某灵机一动，趁此机会凑过去向王老讨教："有人送我几枚银圆，我想向您请教一下，怎样才能辨别它们的真伪？"如此一来，王老立刻来了精神，认真地为刘某介绍起辨别银圆真伪的知识。其间，刘某还不时地就一两个细节再次请教王老，并与王老进行热烈的讨论……

最后，一切都水到渠成，王老自愿出山担任刘某公司的技术指导。

3. 高雅的话题

高雅的话题即内容文明、格调高雅的话题，如哲学、文学、艺术、建筑等。选择这类话题可以体现自己的见识和修养，但切忌班门弄斧或不懂装懂，否则会贻笑大方。

4. 轻松的话题

轻松的话题即谈起来能让交谈对象感到轻松、愉快、不觉劳累的话题，如旅游观光、风土人情、流行时尚、电视电影、烹饪小吃等。这类话题有利于创造融洽的交谈氛围，常用于一般的社交场合。

礼仪小贴士

与他人交谈时，尤其在与外国人打交道时，应注意回避对方忌讳的话题，包括政治倾向、商业秘密、个人隐私（如年龄、婚姻状况、收入、身高体重等）、他人长短，以及庸俗低级、悲伤压抑的话题（如淫秽传闻、疾病、死亡、灾祸、惨案等）等。若不经意提到以上话题，则应立即表示歉意并转移话题。

二、交谈的态度

社交者在与他人交谈时，应持诚恳、谦虚、谨慎、热情的态度，切不可虚情假意、自以为是或敷衍了事。具体而言，良好的交谈态度可通过以下几个方面体现出来。

（一）表情自然

与他人交谈时，表情应当自然、和谐，并与交谈内容相配合。具体而言，应目光专注，或注视对方，或凝神思考，并适时地运用面部神态上的变化表达自己对交谈内容的理解、赞同、惊讶或迷惑，以促使交谈顺利进行。与多人交谈时，则应不时地用目光与众人交流，以示彼此平等。切忌在交谈时眼神呆滞、目光游离或直愣愣地盯着交谈对象，否则是有失礼仪的。

（二）举止得体

人们在交谈时往往会做出一些有意或无意的肢体动作，这些动作通常是谈话者对谈话内容和谈话对象真实态度的反映，因而必须规范、得体。

具体而言，谈话者可以用适度的动作来补充说明谈话内容，如谈话者可用点头来传达“我在注意听”或“我赞同”的信息，用手势比画物体大小等。但是，谈话者应避免做出过分、多余或不雅的动作，如手舞足蹈、拉拉扯扯、左顾右盼、揉眼搔头、伸懒腰等。

（三）善于倾听

与他人交谈时，社交者应善于倾听交谈对象的发言，并配以恰当的表情和举止，以示尊敬。切忌随意打断他人的发言或对他人的发言不闻不问。若确需插话，则应先向发言者打招呼或征得发言者的同意（如“对不起，我插一句话行吗”），同时插话之言不可冗长。

（四）适当交流

交谈是个双向或多向的交流过程，需要各方人员积极参与。因此，在与他人谈话的过程中，当自己发言时应给其他人留有发表看法的机会，当他人发言时自己也应适时地发表看法，以便各方互动、交流。

礼仪故事屋

“沉默是金”和“口无遮拦”

某公司在培训课程中让 10 位副总裁围成一圈，允许他们在一个半小时内畅所欲言，但不可以谈论关于公司的事情。于是，大家开始谈论天气、政治、体育等，其间还发生了争执。

一个半小时后，每位副总裁都按自己心目中的好感度对其他副总裁进行了排序，并把自己安插在合适的序列位置。排序结果显示：排在倒数第一的是从头到尾都没有讲话的人，排在倒数第二的是讲话最多的人。原因在于，在群体交谈中，若一个人有想法而没有表达出来，那么别人就会认为他没有意见；若一个人讲了很多话，其所讲的一部分话可能很有意义，但言多必失，其所讲之话的部分内容可能不该讲。从这个角度来说，与他人交谈时，“沉默是金”和“口无遮拦”都不可取。

三、交谈的语言

语言的运用会直接影响到交谈的效果。社交者在与他人交谈时，在语言方面应达到文明、准确、简洁易懂的要求。

（一）文明

与他人交谈时，语言应当文明、礼貌。首先，应善于使用一些约定俗成的礼貌用语，如“您”“谢谢”“对不起”“再见”等。其次，应尽量避免一些不文雅的语句和说法，切忌说粗话、脏话、荤话等。对于不宜明言的事情，可以用委婉的词句予以表达。例如，想要上厕所时，可委婉地说“对不起，我去一下洗手间”或“不好意思，失陪一下”等。

礼仪知识窗

常用的礼貌用语

初次见面，说“久仰”；许久不见，说“久违”。
询问姓名，说“贵姓”；自称姓名，说“敝姓”。
询问年龄，说“贵庚”；自称年龄，说“虚度”。
他人住处，说“尊寓”；自称住处，说“寒舍”。
赞人见解，说“高见”；自称见解，说“愚见”。
欢迎他人，说“光临”；没有亲迎，说“失迎”。
探望他人，说“拜望”；起身作别，说“告辞”。
中途先走，说“失陪”；等待他人，说“恭候”。
送别他人，说“慢走”；请人别送，说“留步”。
请人饶恕，说“恕宥”；自责不周，说“失敬”。
请人批评，说“指教”；请人指点，说“赐教”。
打断别人，说“打扰”；请人原谅，说“包涵”。
请人帮忙，说“劳驾”；托人办事，说“拜托”。
求人解答，说“请问”；佩服他人，说“拜服”。
劝告他人，说“奉劝”；告诉他人，说“奉告”。
归还东西，说“奉还”；赠送东西，说“奉送”。

（二）准确

与他人交谈时，应尽量讲普通话，且要吐词清晰、发音标准、语速适中，准确地表达自己的观点或看法，以便他人能听得清楚、明白。一般情况下，应慎用外语或方言。

（三）简洁易懂

与他人交谈时，所用的语言应当力求言简意赅，切忌雕琢语言、堆砌辞藻、废话连篇或喋喋不休。同时，用语应当通俗易懂，不可晦涩难懂、有歧义或模棱两可，以免他人产生理解上的困难，从而引起不必要的误会。

四、交谈的技巧

与他人交谈时，巧妙地运用赞美、幽默或拒绝的技巧，有利于创造良好的交谈氛围，进而促进人际交往。

（一）赞美的技巧

赞美能带给人快乐和信心。在交谈过程中，恰当地赞美他人有利于建立良好的人际关系。常用的赞美技巧有如下几种：

1．直接公开式

直接公开式即在特定的公开场合或众人面前，热情、慷慨地赞许他人的优点、观点或特性。这种方式具有很好的激励作用，能够很好地传达赞美者的诚意。

2．间接迂回式

间接迂回式即借助与交谈对象相关联的事物或第三者的话来表达赞许之意。例如，赞美一位出生于杭州的女士，可以说“上有天堂下有苏杭，杭州的女孩子真是美若天仙啊”；赞美一位业务员，可以说“我常听刘经理提起你，他很欣赏你的做事方法和办事能力，今日一见，果然名不虚传”；等等。这种方式往往具有增强客观可信度的作用，比直截了当的赞美效果更好。

需要注意的是，赞美他人应当翔实具体、恰如其分，切忌无中生有或言过其实，否则会萌生讽刺之意，进而弄巧成拙。

礼仪小贴士

被他人赞美时应大方承认自己的优点，有礼貌地接受赞美，并对赞美自己的人表示感谢。

（二）幽默的技巧

幽默是一个人智慧、修养等方面的综合反映，它能够活跃交谈气氛、协调人际关系。常用的幽默技巧有如下几种：

1．否定式

否定式即用否定的方式间接地肯定某事物。例如，一位顾客到饭店吃饭，发现米饭中有很多沙子，于是不得不将沙子挑出来放在桌上，服务员看到后抱歉地问：“有很多沙子吗？”这位顾客摇摇头，微笑着说：“不，也有米饭。”顿时，两人都笑了。这种幽默让服务员消除了不安心理，同时也让其认识到了问题所在。

2．误解式

误解式即有意无意地误解谈话语句中的某一词义、发音、所指重点或交谈对象所要表现的某一事物，并给予反逻辑回答或反应，从而制造笑料。例如，一位女士到学校看望受伤的孩子时，被门卫拦住检查证件，这位女士由于着急便生气地说：“太过分了，你长心了吗？”为缓解紧张氛围，门卫耸耸肩回答：“那需要解剖后才知道。”

3．夸张式

夸张式即用言过其实的方式表达事物的本质，进而取得幽默效果。例如，一位顾客在餐馆吃饭吃到石子后，指着饭碗里的石子高喊：“服务员，快来呀！请帮我把这块石头从饭碗里抬出去。”

礼仪小贴士

在使用幽默技巧时，应注意时机、场合和对象，要有内涵、不粗俗，并且适可而止，切忌将快乐建立在他人的痛苦之上。

（三）拒绝的技巧

在与他人交谈的过程中，社交者有时需要拒绝他人。此时需运用一些技巧，以避免使他人陷入尴尬局面或使他人的自尊心受到伤害。常用的拒绝技巧有如下几种：

1. 迂回诱导

迂回诱导，即通过迂回战术诱导他人，使其领会暗示的婉拒含义或知难而退，从而避免尴尬。例如，某海军军官的好友向他问及有关军事机密的事，该海军军官不好正面拒绝，就问："你能保守秘密吗？"好友回答："能。"海军军官笑着说："我也能。"对方一听便心领神会，于是不再问了。

2. 有意延时

有意延时，即通过拖延时间来拒绝他人，以避免现场回绝时的尴尬。例如，"我先想想办法，看能不能办成，然后尽快给你一个回复"等。

3. 假设后果

假设后果，即按他人提出的要求或条件，假设可能产生的后果，让其知难而退。例如，"这事由我出面的话，恐怕张女士会误会更深"等。

4. 自嘲婉拒

自嘲婉拒，即在自己身上找一个相关的缺陷或借口，向对方暗示自己不适合答应其请求。例如，"目前我没有完成这件事情的水平，若现在接受你的请求，就属于无证上岗了"等。

礼仪互动吧

在日常交谈活动中你使用过哪些交谈技巧？请和周围的同学分享。

任务三 掌握电话礼仪

电话是现代社会生活中一种广泛普及的信息传递工具，能够沟通信息、交流思想。电话礼仪就是人们在拨打电话和接听电话时应遵守的礼仪规范。

一、拨打电话的礼仪

扫一扫

接打电话的礼仪

（一）做好通话准备

拨打电话前，发话人通常应做好通话内容、时间和环境方面的准备工作。

1. 内容准备

拨打电话前，发话人应做好充分准备，想好要表述的内容，重要通话还需事先拟好通话提纲，切忌拨通电话后词不达意、不得要领。

2. 时间准备

（1）拨打时间。若打电话到受话人的住所，则应根据对方的生活习惯来确定拨打时间。一般而言，应避免选择过早、过晚或对方休息的时间，如早晨 7 点以前、晚上 10 点以后、用餐时间、节假日等。若确因紧急事项而不得不在不合适的时间打电话给对方时，通话之初应道歉并说明理由。

若打电话到受话人的单位，则应根据对方的工作时间来确定拨打时间。一般而言，应选择对方不太繁忙的时间（如工作日的上午 10 点左右和下午 3 点左右）。

（2）通话时长。一般而言，每次电话的通话时间应控制在3分钟之内。若通话时间确需很长，则应征询受话人的意见，或延长通话时间，或另约通话时间，并在通话结束时略表歉意。

3．环境准备

拨打电话时，应选择安静的通话环境，并考虑受话人接听电话时所处的环境，切勿在嘈杂、吵闹的环境中通话，否则是极不礼貌的。此外，若通话内容涉及机密或隐私，还应确保通话环境的私密性。

（二）耐心拨打

拨打电话时，应耐心地等待对方的回应。一般而言，铃声响过6声或大约半分钟后，还是无人接听，就可挂断电话。切忌在铃响未过3声时就挂断电话，或挂断后重复拨打。

（三）礼貌通话

拨通电话后，首先应向对方问好、做自我介绍，并报出受话人的基本信息。其具体方式有以下两种：① 普通社交模式，如“您好！我是××（本人姓名），请问××（受话人姓名）在吗？”；② 公务模式，如“您好！我是××公司××部门××（职位）××（本人姓名），我要找××公司××部门××（职位）××（受话人姓名）”。

若电话由他人代接，则应在礼节性问候之后，礼貌地请其代为转接。若受话人不在，则可请代接人转告来电事由或约其他时间再打。若电话由受话人亲自接听，则可礼貌地与之通话。

若通话时电话中断，则应再次拨通电话稍做解释，以免对方误会。若拨错了电话，则应礼貌地向被打扰者道歉，切忌一声不吭地挂断电话，或者怨天尤人，说诸如“倒霉”“见鬼”之类的话。

（四）有序挂断

通常，通话双方无尊卑差别时，应由发话人先挂断、受话人后挂断；通话双方的尊卑差别较大时，应由尊者先挂断、卑者后挂断。例如，上级与下级通话时，由上级先挂断、下级后挂断。

二、接听电话的礼仪

（一）及时接听，礼貌应答

电话铃响后，应及时接听，切忌拖延、不接或直接挂断。一般而言，接听电话应遵守“铃响不过三声”的原则，以免发话人久等。若电话铃响超过三声才接听电话，则应在通话时先向发话人道歉，如“对不起，让您久等了”等。

通话时，首先应向发话人问好并作自我介绍，其方式也可分为普通社交模式和公务模式，如“您好！我是××”或“您好！××公司××部门××（本人姓名），请讲”等。

若自己就是受话人，则应礼貌地应答发话人。若自己不是受话人，则应礼貌地询问对方要找的受话人，并热情、迅速地为其转接，切忌漠然视之、挂断电话或在电话旁大声喊叫受话人的名字。

若受话人不在或不方便接听电话，则应向发话人致歉，并让其稍后再拨，如“对不起，他现在不在，您可以10分钟后再打吗？”等。若发话人愿意，可代为传达来电留言；若对方不愿意，切勿刨根究底。

若对方拨错了电话，则应自报家门，友好地告知或提醒对方，切忌表露出愤怒或不耐烦的情绪，甚至斥责对方。

礼仪互动吧

秘书小马桌前两台电话同时响起，小马手忙脚乱，一会儿拿起这个电话，一会儿拿起那个电话，结果两个客人都很不高兴。

假如你是小马，你会如何处理这种情况？请与周围的同学进行讨论，并3人一组进行情景模拟。

（二）仔细倾听，做好记录

无论自己是受话人还是代接人，都应当仔细倾听发话人的讲话，并不时地回应对方（如说“恩”“哦”“是的”“好的”之类的话），让对方感受到自己在被倾听，切忌默不作声或轻易打断对方的话。

同时，在通话过程中应做好通话记录（包括发话人的来电时间、姓名、来电事由等内容），以便准确转达或避免遗忘。若作为代接人为他人做通话记录，则应注意保护受话人的隐私，切勿四处宣扬来电信息或打听发话人与受话人之间的关系等。

（三）结束通话，礼貌挂断

接听电话的一方不宜率先提出结束通话的要求，而应让对方先提出。若确有急事需要中止通话，则应向发话人说明原因、表示歉意，并再约时间，主动拨打给对方，且在下次通话时再次向对方致歉。

若遇发话人打起电话没完没了，接听电话的一方可采取委婉、含蓄的方式对其进行提醒（如“我不再占用您的宝贵时间了，下次再聊”），切忌说让对方难堪的话（如“你说完了吗？”）或直接挂断。

礼仪知识窗

使用手机时，除了要遵循上述拨打、接听和终止电话的相关礼仪规范外，还应特别注意以下几点：

（1）安全。根据相关规定，驾驶汽车、乘坐飞机及在加油站时，都是禁止使用手机的。另外，在一些军事基地、博物馆、档案馆，以及新产品、新技术的发布会、研讨会上，为了安全或保密等原因，通常也不允许使用手机。

（2）防止产生噪声。在某些公众场合，如幼儿园、医院、教室、图书馆、音乐厅、影剧院、报告厅等，不仅不能大声接听、拨打电话，还要将手机调至静音或振动状态，必要时还要关机，否则可能使自己成为噪声制造者。

任务四 掌握拜访礼仪

拜访是指前往他人的工作地点或私人居所会晤对方、探望对方或与之接触。在日常生活中，我们经常需要走亲访友，应邀参加聚会，或有事求助于人而登门拜访。合乎礼仪的拜访有助于我们交流信息、联络感情和增进友谊。

一、拜访的准备

（一）事先预约

拜访他人之前，拜访者应通过电话或当面告知的方式提前预约，以免拜访扑空或扰乱受访者的日常安排。一般而言，预约内容应包括拜访时间、地点和人员。

1．拜访时间

拜访时间应根据受访者的工作时间和生活习惯来确定。一般而言，公务拜访时应选择对方的上班时间，私人拜访时应选择对方的闲暇时间，但均应避免选择早晨7点以前、晚上9点以后，以及对方的用餐或午休时间。

2．拜访地点

拜访地点可以是受访者的办公场所或私人居所，也可以是公共场所，如咖啡厅、茶楼等，通常应选择离对方较近或方便对方的地点。

3．拜访人员

预约时，拜访者应主动告知受访者届时到场的人员身份及人数，以便受访者做好接待准备。一旦确定了拜访人员，就不宜再临时增加、减少或更换人员，以免打乱对方的安排。

礼仪小贴士

预约拜访事宜时，应以请求或商量的语气进行，切忌采用强求式或命令式语气进行。

（二）准备谈话内容和礼品

拜访前，拜访者应确定好谈话内容，想好届时如何与对方交谈。同时，应事先准备一份具有纪念意义或具有实用价值的礼品，以便拜访时赠送给对方。

（三）整理仪表

拜访前，拜访者应准备与拜访性质、受访者身份或拜访场所相匹配的服装。一般而言，公务拜访时，应选择较正式的服装；私人拜访时，则选择整洁得体的服装（如休闲装）即可。同时，拜访者应对自己的仪容稍加修饰，以示尊重。

二、拜访的过程

（一）准时赴约

拜访者应根据预约的时间准时赴约，不可过早或过晚。若因特殊情况而不能按时到达时或不能赴约，则应及时通知受访者，并诚恳地说明原因、表示歉意，必要时应与对方约定下次拜访的时间。在下次与对方见面时，应再次对上次的失约表示歉意。

（二）礼貌登门

拜访者到达拜访地点后，若有人迎候，则应向迎候者做简单的自我介绍，请其代为转告或应邀入室。

若无人迎候，则应礼貌地敲门或按门铃。敲门时，应用食指间隔有序、力度适中地轻叩三下；按门铃时，让铃响三下即可。敲门或按门铃后，应耐心地等待回应。若无回应，可重复叩门一次或按门铃一次，切忌表现出急躁情绪和行为，如用拳头砸门、用脚踢门或在门外大呼小叫等。

（三）问候致意

入室前，拜访者应热情地向受访者问好、与之握手，若是初次见面，还应简单地自我介绍。入室时，应将鞋底的脏物处理干净或换上指定的拖鞋。入室后，应与受访者家属或其他在场客人一一打招呼、问好，并及时地将帽子、墨镜、手套或外套除去，放到指定的位置，切勿任意乱放。

（四）应邀入座

入室后，拜访者应随行于受访者，应其邀请，与之同时入座，切忌自行找座、抢先入座或抢坐尊位。

（五）举止稳重

入座后，应坐姿端正、自然，不要过于拘谨或过于放松，同时应注意以下事项：

（1）以礼还礼。受访者奉茶时，应起身或欠身，用双手相接并点头致谢，并在饮用后适当称赞，切忌一声不吭。受访者续茶时，应起身站立，用双手端起或扶住茶杯并致谢，切勿不闻不动。受访者送上水果或点心时，应待其他客人或年长者取用后再取，并在品尝之后给予赞赏。

（2）非请勿动。一般而言，拜访者的活动范围应限于客厅或接待室之内，未经允许不得乱动受访者的物品（如工艺品、书籍、报刊、信件等）或四处乱闯，即便是上洗手间，也应向受访者打招呼。

（六）言谈得体

与受访者交谈时，稍做寒暄后就应切入正题、说明来访事由，切忌东拉西扯或沉默不语，浪费对方的时间。当与对方话不投机或意见相左时，应立即转移话题或调整谈话技巧，切勿争论、冷场或表现出不良情绪。

三、拜访的结束

（一）适时告辞

一般而言，若无重要事情，拜访时间应在半小时左右。拜访者应注意把握辞行时机，主动向受访者提出告辞。提出告辞的时机最好是在双方的谈话告一段落且没有新的话题之前，切勿在对方讲话时或话音刚落时提出。

此外，在拜访过程中，当受访者临时有事、给予结束谈话的提示（如说出“我们今天就谈到这里吧”或频频看表等）或另有客人来访时，拜访者应当机立断提出告辞，以免妨碍对方。

一旦提出告辞，即使对方百般挽留，也应利索地辞别，切勿告而不辞。

（二）不忘辞谢

辞别时，应主动伸手与受访者握别并道谢（如“多谢您的盛情款待”等），同时与其家属或在场的客人一一道别。若有意请对方回访，则可在握别时提出邀请。若受访者起身相送，则应对其说“请留步”或“不必远送”，并适时回头挥手致意。

任务五 掌握接待礼仪

接待是与拜访相对应的一种社交活动。合乎礼仪的接待通常应包括认真准备、热情迎客、礼待宾客和礼貌送客四个方面。

一、认真准备

（一）了解客人信息

为了妥善安排接待工作，受访者应提前了解拜访者的基本情况，具体包括以下三个方面：① 来宾的总体情况，如来访人数、性别概况、负责人等；② 来宾的整体计划，如访问目的、抵达时间和地点，以及其他事项安排等；③ 主宾的个人简况，如姓名、性别、年龄、单位、职务、健康状况、婚姻状况、生活习惯等。

（二）确定接待规格

确定接待规格即受访者应根据拜访者的身份、来访目的及其与自己的关系安排接待的级别。一般而言，负责接待的主陪人员的级别应当与主宾的级别相当。但在上级领导派人传达意见、同级单位派人商谈事宜、社会知名人士来访等情况下，主陪的级别通常应高于主宾的级别，以示对拜访者的重视。

（三）拟定接待日程

受访者应本着尽量满足对方要求或方便对方的原则，拟定详细的接待活动日程，日程的内容通常应包括以下方面：① 迎送对方的时间、地点和人员；② 会面的时间、地点和人员；③ 宴请的时间、地点和人员；④ 住宿的地点、房间标准；⑤ 其他活动的内容、时间、地点和陪同人员等。

（四）布置接待场所

（1）打扫室内卫生，保证地面、桌椅、窗户洁净且无异味。

（2）调节室内光源（自然光源最佳）、温度（22.5℃左右）和湿度（50%左右）。

（3）在接待室或走廊铺设地毯，并摆放绿色植物、鲜花等物品予以点缀。

（4）准备并摆放好待客用品，如茶水、饮料、水果、点心、报刊等。必要时，还应准备一些玩具，以供随行来访的儿童使用。

（五）安排宴席住宿

一般而言，受访者应根据拜访者的人数和生活习惯等情况预先安排宴席，以便款待对方。同时，应为远道而来或来访时间接近傍晚的拜访者安排住宿，以便对方休息之用。

（六）预备交通工具

对于远道而来的拜访者，受访者一定要事先考虑其交通问题，且最好为其安排或提供交通工具。

（七）安排接待人员

受访者应为接待工作的各个环节安排所需人员，具体包括参与会见或洽谈的人员、餐饮和住宿的服务人员，以及车站、机场或码头的迎送人员等。

二、热情迎客

当拜访者（以下统称“客人”）到达之后，受访者（以下统称“主人”）应当热情迎客，迎客过程中应注意以下几方面的礼仪规范。

（一）迎候礼仪

1. 迎接

若客人就在本地，主人可按时亲自或派人到单位门口、住所门外或楼下迎接。若客人远道而来，主人应提前确认其到达的具体时间，驾车或安排专车前往车站、码头或机场迎接。若与客人素未谋面，还应准备好接站牌，上面写明“热烈欢迎××先生（或女士）”“××公司接待处”等。

2. 问候

见到客人后，主人应主动上前与之握手、作自我介绍，并致以诚挚的问候，如“您好！我是公关部的李萌，代表××公司前来迎接您！”“您好！路上辛苦了！”“欢迎您的到来！”等。若对方有大件行李，则应主动帮其提携，但其手提包或其他贴身物品就不用代劳了。对于年纪较大或身体不太好的拜访者，还应上前搀扶，以示关心。

礼仪互动吧

情景：甲男甲女两人在公司门口迎候来宾。

一辆轿车驶到，一位男士下车。甲女上前道：“陈总，您好！”并呈上自己的名片。又道：“陈总，我叫李菲，是正道集团公关部经理，专程前来迎接您。”陈总道谢。

甲男上前：“陈总好！您认识我吧！”陈总点头。甲男又道：“那我是谁？”陈总尴尬不已。

你认为甲男甲女的做法对吗？请与周围的同学进行讨论分析。

（二）乘车礼仪

迎接远道而来的客人时，主人应当注意乘车的座次礼仪、上下车的次序礼仪和乘车的举止礼仪。

1. 乘车的座次礼仪

迎接客人的交通工具车通常为轿车，其座次礼仪如下：

（1）小型轿车的座次礼仪。小型轿车的座次礼仪规范因开车人身份的不同而有所不同。

- 专职司机驾驶时的座次礼仪：专职司机开车迎客时，座次的安排应遵循居中为尊、后座尊于前座、右座尊于左座的原则。通常，前排副驾驶座应安排给主人方的秘书或陪同等随从人员，切勿安排给客人。专职司机开车时，不同座数的小型轿车座次顺序如图 3-9 所示。

（a）双排五座车　（b）三排七座车　（c）三排九座车

图 3-9　专职司机开车时的座次顺序

- **主人亲自驾驶时的座次礼仪：**主人亲自开车时，座次的安排应遵循居中为尊、前座尊于后座、右座尊于左座的原则。一般而言，客人方的负责人应主动就座于副驾驶座，以示对主人的尊重。主人开车时，不同座数的小型轿车座次顺序如图 3-10 所示。

（a）双排五座车　（b）三排七座车　（c）三排九座车

图 3-10　主人开车时的座次顺序

（2）大型轿车的座次礼仪。大型轿车是指具有（除司机座位外）四排及四排以上座位的轿车。乘坐这类轿车时，无论是由专职司机开车还是由主人亲自开车，座次的安排均应遵循前座尊于后座、右座尊于左座的原则，即距离前门越近的座位越尊贵。

礼仪小贴士

在安排乘车座次时，首先应尊重客人的意愿和选择，即客人坐在哪里，哪里就是尊位，即使客人不明白座次而坐错了地方，也不可对其指出或纠正，否则会有失礼仪。

2. 上下车的次序礼仪

乘坐双排五座车和三排七座车上下车时，主人应先下车、后上车，并恭请客人先上车、后下车，主动为客人打开车门、护住车门上沿；乘坐三排九座车和大型轿车上下车时，通常应由距离车门较远者先上车、后下车，距离车门较近者后上车、先下车。

3. 乘车的举止礼仪

乘车时，主客双方均应坐姿端正、举止文雅、动静适宜，切勿抽烟、乱扔垃圾、脱鞋脱袜、蹬踩座位或将手、脚伸出窗外。

礼仪小贴士

穿短裙的女士上下车时最好采用背入式和正出式，即上车时先双腿并拢、背对车门坐下，再将双腿同时移入车内；下车时先正面面对车门、双脚并拢同时伸出车门并着地，再将身体移至车外。

（三）引导礼仪

1. 并行时的礼仪

主人和客人两人并行时，应遵循以右为尊的原则，让客人走在右侧；三人并行时，则应遵循居中为尊的原则，让身份最尊贵者居中，身份次之者居右，再次之者居左。行走时，主人应配合客人的步伐，走在客人左前方约 1.5 m 处为其引路。引路时，应注意运用文雅的手势，并用语言为客人做方向提示或危机提示，如“请您这边走”或“请您注意，拐弯处有个斜坡”等。

2. 上下楼梯的礼仪

主人引导客人上楼时应让客人走在前面；下楼时，应让客人走在后面。行走时，应注意保护客人的安全。

3. 乘坐电梯的礼仪

进入有人管理的电梯时，主人应主动后进后出，如图 3-11 所示；进入无人管理的电梯时，主人应当先进后出，以便为客人控制电梯，如图 3-12 所示。

图 3-11　后进后出

图 3-12　先进后出

4. 出入房门的礼仪

引领客人进入室内时，主人应主动为其开门或关门，并做到“门朝内开己先入，门朝外开客先入”。客人进门时，主人应扣住门板并做一个“请”的姿势，待客人进入室内后，再轻轻关上门，如图 3-13 所示。

图 3-13　出入房间礼仪

三、礼待宾客

客人进入室内后，主人应为其妥善存放外套、帽子或随身携带的物品，然后引领客人入座，并为其奉茶。

（一）待客座次礼仪

主人在安排待客座次时，应将客人安排在尊位上。尊位的确定方法通常包括以下几种：

1. 面门为尊

主人与客人相对而坐，且其中一方的座位面向正门时，则面对正门的座位为尊位，此座应礼让给客人，如图 3-14 所示。

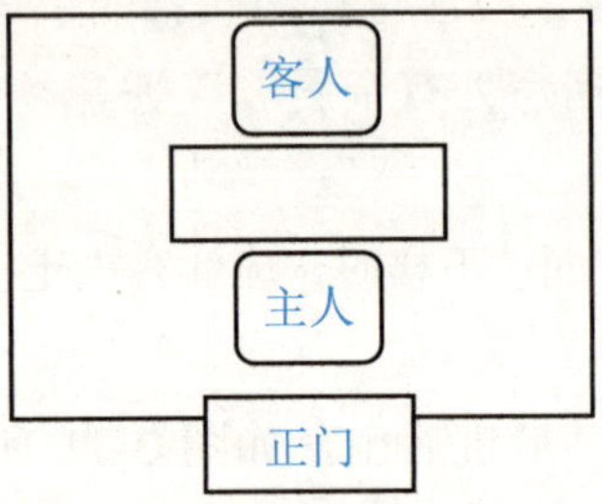

图 3-14　面门为尊的座次安排

2. 以右为尊

主人与客人面向正门并列而坐时，以面对正门方向的视角为准，右位尊、左位卑，如图 3-15（a）所示；主人与客人侧对正门相对而坐时，以进门方向的视角为准，右位尊、左位卑，如图 3-15（b）所示。

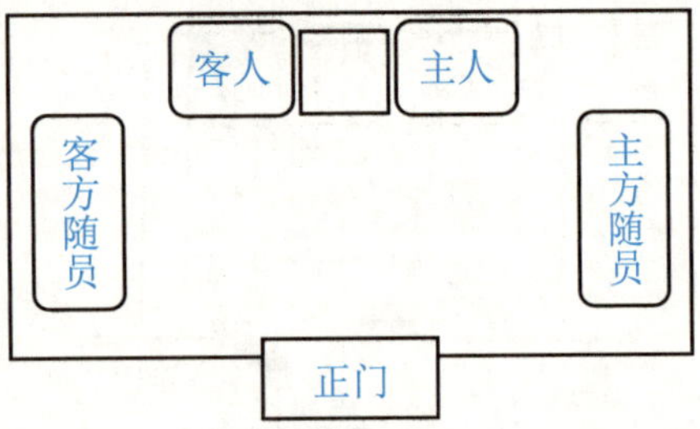

（a）双方并列而坐的座次安排

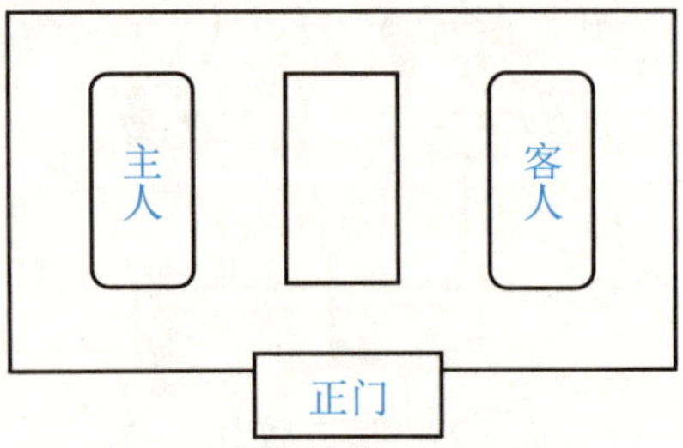

（b）双方相对而坐的座次安排

图 3-15　以右为尊的座次安排

3. 以远为尊

主人与客人并排坐于正门一侧时，离门较远的座位为尊位，较近的座位为卑位，如图 3-16 所示。

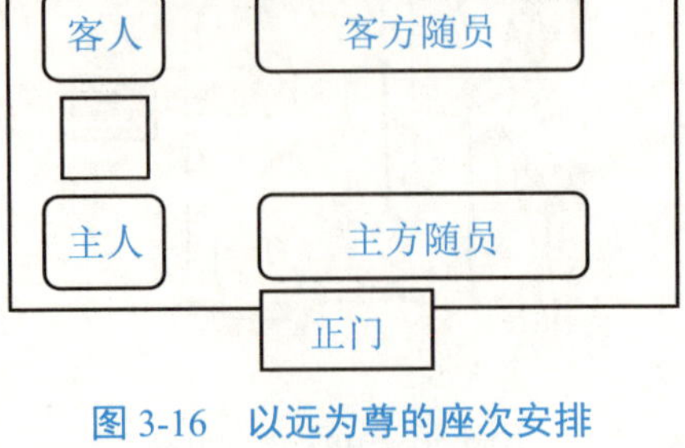

图 3-16　以远为尊的座次安排

4．居中为尊

当客方人数较少而主方人数较多时，可以面门的中间为尊位，两侧或四周为卑位，呈现“众星捧月”的格局，如图 3-17 所示。

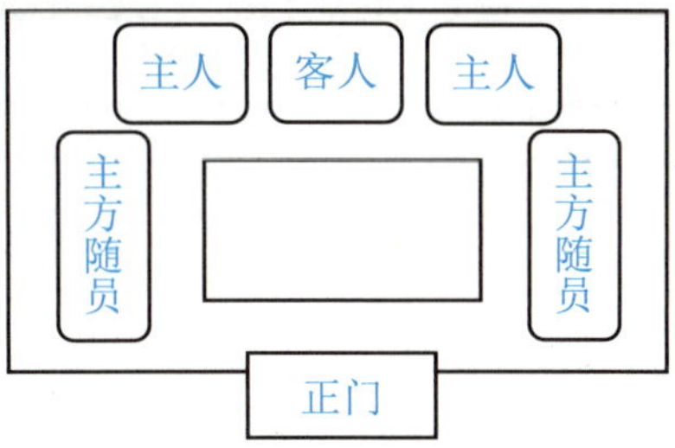

图 3-17　居中为尊的座次安排

5．佳座为尊

佳座为尊即质量或舒适度较好的座位为尊位。例如，沙发尊于椅子，椅子尊于凳子，高座椅尊于矮座椅等。

6．自由为尊

自由为尊即客人自行选择的座位为尊位，此时，主人只需坐于客人的一侧或周围，切勿纠正对方或让对方换座。

（二）奉茶礼仪

在客人入座后、开始交谈前，主人应为客人奉茶。奉茶时应注意以下礼仪规范。

扫一扫

敬茶礼仪

1．奉茶人员

奉茶人员的身份高低体现着主人对客人的重视程度。在家中待客时，一般可由家中的晚辈或服务人员奉茶；接待重要客人时，则应由女主人亲自奉茶。在单位待客时，一般应由秘书、接待人员、专职人员奉茶；接待重要客人时，则应由在场的职位最高者亲自奉茶。

2．奉茶次序

当客人较多时，奉茶应按照以下顺序进行：① 先客人，后主人；② 先主宾，后次宾；③ 先长辈，后晚辈；④ 先女士，后男士；⑤ 先职位高者，后职位低者。

若客人之间的尊卑差别不大，则可按以下顺序奉茶：① 以奉茶者为起点，由近及远地依次奉茶；② 以待客室的门为起点，按顺时针方向依次奉茶；③ 按客人到来的先后顺序奉茶。

3．奉茶方法

- 茶勿斟满：即茶不可斟得太满，一般以七分满或八分满为宜，否则会有厌客或逐客之嫌。
- 左下右上：即奉茶时应以左手托住茶盘、右手扶住茶杯，恭敬地递给客人。双手奉茶时，切勿将手指搭在杯口上或浸入茶水。
- 右侧递上：即奉茶时应从客人的右侧奉上，并放在客人的右前方，同时轻声告知客人“这是您的茶，请慢用”等。
- 适时续茶：即当客人杯中的茶水有所减少时，应及时为其续茶。续茶时，以不妨碍客人为佳。

此外，还需注意的是，待客的茶具不可有缺口或裂痕，更不可不洁净；待客的茶叶不可为旧茶，茶叶的品种应征询客人的意见；奉茶时的茶水温度不宜太高，以免烫伤客人。

礼仪小贴士

我国传统的待客礼仪中有“上茶不过三杯”一说：第一杯为敬客茶；第二杯为续水茶；第三杯为送客茶。若一再劝人用茶，却无话与人交谈，则往往意味着提醒来宾“应该打道回府了”。

四、礼貌送客

（一）热情挽留

当客人提出告辞时，主人一定要热情挽留。在热情挽留之后，若客人执意要走，则应等客人起身后，再起身相送。切忌在客人刚提出告辞时就积极地起身送客，或者以某种动作、表情暗示送客之意。

（二）礼貌相送

客人辞行时，主人应与之握别，对其来访表示感谢，请其多多包涵接待的不妥之处，道惜别之语（如“慢走”“常联系”“欢迎再来”等）并礼貌相送。对于本地的客人，一般应将其送到门口、电梯口、楼下或其乘坐车辆的驶离之处，目送客人离去。对于远道而来的客人，则应将其送至车站、码头或机场等处，待对方离开后，才能返回。

任务六 掌握馈赠与受赠礼仪

礼品馈赠是社交活动中的“润滑剂”，可以用来表达对他人的尊重、敬意、祝贺、感谢、慰问等情感，能起到联络感情和促进交际的作用。向他人馈赠礼品或受赠他人的礼品都应当遵守一定的惯例或规范。

一、馈赠礼仪

（一）礼品的选择

在选择礼品时，通常应注意以下3个方面。

1．价值适宜

礼品是情谊的载体，既具有物质的价值含量，又具有精神的价值含量。赠送者在挑选礼品时应入乡随俗地选择物质价值适宜的礼品，注意体现“礼轻情意重”的思想。一般而言，所选礼品的物质价值不可过低，也不可过高。若过低，则无法较好地表现情谊或发挥馈赠的社交作用；若过高，则会使受赠者有受贿之感。

礼仪故事屋

千里送鹅毛

唐朝时候，地方官吏经常要向皇帝进贡礼品。云南地方上有个行政长官要送件礼品给皇帝，他心想：皇帝不缺金银珠宝，要送也得送个稀罕的。最后，他决定进贡一只天鹅。

他派一个名叫缅伯高的人，用竹篓背上一只天鹅，前往京城长安。缅伯高跋山涉水，日夜兼程，走了好多天，来到了沔阳湖（在今湖北省境内）边。在这许多天里，天鹅没下过水，浑身都脏兮兮的。缅伯高放下竹篓，抱出天鹅要给它洗洗澡。不料，天鹅一纵，挣脱了他的怀抱，扑棱一声，振翅要飞。缅伯高下意识地伸出手去抓了一把，只抓下了一根羽毛，眼睁睁地看着天鹅飞走了。缅伯高又着急又害怕，伤心地大哭了一场。后来，他急中生智，怀揣着那根羽毛，赶往都城长安。

多日后，缅伯高终于来到了长安，随着各地前来进贡的使臣去见皇帝。轮到缅伯高时，他手捧羽毛走上前去，为皇帝唱了一首歌："天鹅贡唐朝，山高路途遥。沔阳湖失去，倒地哭号啕。上复圣天子，可饶缅伯高。礼轻情意重，千里送鹅毛。"皇帝莫名其妙，缅伯高随即讲出事情原委。听到这里，皇帝连声说："缅伯高千里送鹅毛，难能可贵！难能可贵！"缅伯高的才华和机智博得了皇帝的欢心，皇帝不但没有处罚他，反而奖赏给他很多东西。

后来，人们就用"千里送鹅毛"这个成语，比喻礼品虽然很小，但是情意却很深重。

2．注重效用

礼品本身具有实用价值，经济状况或文化程度不同的人，对于礼品实用性的偏好有所不同。因而，赠送者应根据受赠者的实际情况选择不同效用的礼品。一般而言，经济状况较好或文化程度较高的人多偏好欣赏价值较高或纪念意义较强的礼品，如雕塑艺术品、装饰性挂件等；经济状况较差或文化程度较低的人多偏好实用的礼品，如食品、水果、衣服等。

礼仪知识窗

结婚礼品：可选择床上用品、餐饮用具或字画等工艺品，也可用金钱代替礼品。

生子礼品：可选择婴儿用品（如衣服、鞋帽、玩具、生肖纪念等），也可选择产妇滋补营养品。

生日礼品：对父母长辈可送寿联、寿糕或营养品等；对配偶可送鲜花、饰物或衣物等；对朋友可送贺卡、影集、工艺品或对方喜爱的小物件等。

节日礼品：春节可送红包；端午节可送粽子；中秋节可送月饼；情人节可送玫瑰花等。

远行礼品：可选择书籍、衣物、生活用品等。

迁居礼品：可选择对联、字画、工艺品、家居装饰品等。

病丧礼品：探病可选择适宜病人食用的食品（如滋补品、水果等）和鲜花（应根据病情选购）；吊丧可选择花圈、挽联、帛金（即金钱）、香烛纸钱、白色或黄色的鲜花等。

3．投好避讳

由于生活经历、生活习惯、性格及爱好等的不同，不同的人对同一礼品可能表现出不同的态度。因而，赠送者选择礼品时一定要投其所好、避其禁忌，以免引起受赠者的不快或误解。例如，在我国的大部分地区，送礼不宜送钟，因为钟与"终"同音，有不吉之意；在西方，大部分人都忌讳数字"13"，因此不宜送与该数字相关的礼品。

（二）礼品的馈赠

1．选择时机

赠送礼品应选择合适的时机。一般来说，可以选择欢庆节日（如春节、中秋节、端午节等）、酬谢他人、到他人家中做客、探望病人，以及亲友乔迁新居、过生日、远行等时机。

2. 注意方式

赠送礼品最好当着受赠者的面进行，以便向其传达自己选择礼品时独具匠心的考虑，并观察受赠者对礼品的感受或态度。

若由于某些原因而不能亲自送上礼品，则可以邮寄赠送或托人赠送。邮寄赠送时，一般应附上一份礼笺，在礼笺上说明赠送礼品的理由并署名；托人赠送时，可随礼物送去信函或名片，并向受赠者解释不能当面赠送的理由，请其谅解。

3. 精心包装

赠礼时，应选择合适的包装对礼品略加修饰，使礼品在外观上显得更加精致、高雅，令人赏心悦目。

包装礼品时应当注意以下几点：① 包装前，应先去掉礼品上的价格标签；② 包装材料的颜色、图案等要考虑受赠者的喜好与禁忌。

二、受赠礼仪

（一）接受礼品

受赠者在接受他人的礼品时，应面带微笑，大方地伸出双手接过礼品，并说些客气或感谢的话，如“您太客气了”“让您破费了”“谢谢您”等。

礼仪小贴士

接受他人礼品后，是否当场拆封应当视具体情况而定。按中国习俗，一般不当面拆封，如果对方请你拆开，则可以拆开并表示赞美。如果是外国人赠送的礼品，一般要当面拆开，并赞美一番。

（二）拒收礼品

一般情况下，不应拒收他人的礼品。但是，若他人所赠礼品欠妥时，受赠的人应礼貌地拒绝。

（1）婉言相告，即用委婉的语言拒绝。例如，拒绝他人赠送的昂贵手机时，可以对他说“谢谢你的好意，但我不习惯用这个品牌”等。

（2）直言缘由，即直截了当地向赠礼者说明拒收礼品的理由。例如，拒绝他人赠送的大额现金或贵重礼品时，可以说“我们有规定，接受现金就是受贿”或“按照规定，我不能接受您送的这件礼品”等。

（3）事后退还。若在事后拆封时才发现礼品过于贵重，应尽快（一般在 24 小时内）将礼品退还给赠礼者。退还时，应向其说明退回礼品的理由，并表示感谢。

（三）回赠礼品

在接受了他人的礼品后，一般应准备礼品回赠。回赠礼品时应当注意以下事项：

（1）选择合适的礼品。回赠的礼品应当避免与对方所送的礼品相同，并尽量选择价值与对方礼品相当的物品。回赠的礼品的价值不可明显超过对方礼品的价值，以免给人一种攀比之感。

（2）选择合适的时机。回赠礼品应当寻找一个合适的时机进行。例如，在节日庆典上受赠礼品时，可以在赠礼者离别时立即回赠；在生日婚庆或晋级升迁时受赠礼品，一般应在对方有类似情形的时候再回赠。对于以酬谢为目的的馈赠，受赠者可不回赠。

知礼善用

文明懂礼，宾主尽欢

任务描述

新春佳节之际，街上处处张灯结彩，车辆行人络绎不绝，呈现出一片欢乐的景象。选择在这时走亲访友的人不在少数，刚刚大一的刘宇杰就随着父母到母亲的好朋友陈阿姨家做客了。

请同学们以小组为单位，分角色进行情景模拟，熟悉日常交往礼仪的运用。

任务分组

全班学生以 5～8 人为一组进行分组，各组选出组长并进行任务分工，将小组成员及分工情况填入表 3-1。

表 3-1　小组成员及分工情况

<table>
<tr><td>班级</td><td></td><td>组号</td><td></td><td>指导教师</td><td></td></tr>
<tr><td>小组成员</td><td>姓名</td><td>学号</td><td colspan="3">任务分工</td></tr>
<tr><td>组长</td><td></td><td></td><td colspan="3"></td></tr>
<tr><td rowspan="7">组员</td><td></td><td></td><td colspan="3"></td></tr>
<tr><td></td><td></td><td colspan="3"></td></tr>
<tr><td></td><td></td><td colspan="3"></td></tr>
<tr><td></td><td></td><td colspan="3"></td></tr>
<tr><td></td><td></td><td colspan="3"></td></tr>
<tr><td></td><td></td><td colspan="3"></td></tr>
<tr><td></td><td></td><td colspan="3"></td></tr>
</table>

任务准备

回忆所学知识，熟悉见面礼仪、交谈礼仪、电话礼仪、拜访礼仪、接待礼仪及馈赠礼仪的要点及运用；学习视频的拍摄技巧。

任务实施

按照小组分工开展情景模拟活动，并将具体实施情况记录在表 3-2 中。

表 3-2　实施情况记录表

时间安排	实施步骤
	1．开展小组讨论，创作情景模拟剧本 情景一　通过电话拜年，并约定拜访时间

表3-2（续）

时间安排	实施步骤
	情景二　做好接待准备（陈阿姨及其家人） 情景三　迎接 情景四　做客 情景五　告辞
	2．布置客厅，准备茶具、水果、点心等
	3．开展情景模拟，并通过视频记录情景模拟全过程

表 3-2（续）

时间安排	实施步骤
	4．回看视频，了解自己在此次情景模拟中有哪些礼仪运用不到位的地方，并记录在下方

评价反馈

各组配合指导教师完成如表 3-3 所示的考核评价表。

表 3-3　考核评价表

项目名称	评价内容	分值	评价分数		
			自评	互评	师评
知识、技能考核（60%）	掌握电话礼仪的要点及运用，能够在情景模拟中正确地拨打、接听电话，约定拜访时间	10			
	掌握接待礼仪、拜访礼仪、见面礼仪及交谈礼仪的要点及运用，能够在情景模拟中正确布置客厅，礼貌进行接待与拜访	30			
	掌握馈赠礼仪的要点及运用，能够在情景模拟中得体礼貌地馈赠礼物	10			
	熟悉视频的拍摄技巧，能够清楚地记录情景模拟全过程	10			
综合素质考核（40%）	积极实施任务	10			
	具备良好的团队合作意识	10			
	善于反思、总结	10			
	情景模拟过程中言行举止大方得体	10			
合计		100			
总评	自评（20%）+互评（20%）+师评（60%）=	教师（签名）：			

源远流长

国礼中的文明交流互鉴

文明因交流而多彩，文明因互鉴而丰富。300 多年前，一位名叫弗朗索瓦·贝尼耶的法国人大概不会想到，自己着手翻译的法文版《论语导读》，会穿越如此漫长的时光，在 2019 年被交付到中国最高领导人的手上。

在外交场合，互赠国礼是一种重要的礼仪。习近平主席送出或收到的许多国礼，都像这本《论语导读》法文版原著一样，有着丰富的文化内涵，体现了中国与世界的文明交流互鉴。

2014 年 11 月，APEC（即亚洲太平洋经济合作组织）领导人非正式会议在北京举行。为了让各国来宾更好地感受中国文化，习近平主席亲自选定了送给各经济体领导人的国礼——一套“四海升平”景泰蓝赏瓶。

该赏瓶高 38 厘米，恰好是天坛祈年殿 38 米的等比例缩小；其最大直径 21 厘米，代表 APEC 的 21 个经济体。赏瓶细长的瓶颈典雅优美，碧蓝的瓶身上浮雕着吉祥水纹，象征“四海”，也寓意着环太平洋；而“瓶”也是“平”的谐音，连起来就是“四海升平”之意。赏瓶瓶身绘有 APEC 会标、北京雁栖湖 APEC 会场，以及北京的标志性建筑天坛和怀柔慕田峪长城。赏瓶采用景泰蓝工艺制作而成，以藏于北京故宫博物院的霁红釉玉壶春瓶为原型，创新性地把画珐琅、錾胎珐琅、掐丝珐琅三种传统珐琅工艺结合在一起。

2016 年 9 月召开的 G20 杭州峰会，与会各国领导人和嘉宾收到的国礼则是苏州丝绸艺术品“合礼”。“合礼”中包含丝巾、福袋、手包等作品。其中的丝巾汇集了“绫、罗、绸、缎”四种传统丝织工艺，绣工复杂精美。丝巾长 169 厘米，宽 55 厘米，在轻柔的真丝缎面上，用苏绣表现了牡丹花和桂花，寓意国家繁荣昌盛、繁花似锦。苏绣的“平绣、乱针绣、打籽绣、盘金绣”4 种针法，则运用在花朵、叶片、花蕊、叶脉等不同细节处，仅一个叶片就用了十多种颜色的丝线。丝巾四周装饰的斜砖纹和海浪纹运用了绫的织造工艺，象征着陆上与海上两条丝绸之路。G20 各成员国的国花也被融入设计当中，体现了各国之间的合作共赢。

无论过去、现在还是将来，国礼不仅可以传递国与国之间的情谊，更是一张张国家文化的品牌，为文明交流互鉴增添着新的色彩。

项目四

举止得体，传播文明之美——公共礼仪

项目导读

公共礼仪是社交礼仪的重要组成部分。掌握公共礼仪的基本内容，遵守公共礼仪规范，能够使我们在公共场合与他人和谐相处，减少不愉快事件的发生。本项目主要介绍了公共礼仪中的出行礼仪和公共场所礼仪。

学习清单

完成一项学习任务后，请在对应的方框中打钩。

课前预习	□	1. 准备学习用品，预习课本知识
	□	2. 通过网络了解出行礼仪和公共场所礼仪的相关知识
	□	3. 回想自己日常出行、乘车、看电影、游玩时是否遵守了相关的公共礼仪规范，有没有不文明的行为
课中学习	□	1. 熟悉行路礼仪
	□	2. 熟悉乘坐公共交通工具的礼仪和驾车礼仪
	□	3. 熟知在不同的公共场所应该遵守的礼仪规范
实践练习	□	1. 积极、认真地参与实践活动
	□	2. 能够根据所学知识，在志愿活动中引导行人和车辆遵守交通规则，相互礼让
	□	3. 视频拍摄清晰、流畅，完整记录志愿活动过程

礼行天下

“霸座”行为不可取

2021年4月3日，楚先生夫妇乘坐K8094次列车出行，上车后根据购票信息找寻座位时，发现自己的座位已被别人占据。见状，楚先生便表示希望与座位上的彭某核对车票。被要求查看车票的彭某一口回绝，并拒绝让座。争论一番后，楚先生无奈向列车工作人员和乘警寻求帮助。值乘此趟列车的乘警和列车长赶来劝阻彭某的“霸座”行为。

“我就坐在这里，我就不动，你去把我弄到派出所里去。”面对车厢众多旅客的围观，彭某拒不听从、态度蛮横，一度造成车厢秩序混乱。4月3日17时40分，列车抵达武昌站，彭某被武昌车站派出所依法口头传唤进行调查处置。

据彭某交代，当时“霸座”就是与楚先生赌气，因楚先生一见面就索要车票而心生不快，于是故意不出让座位。

问题

乘坐火车时，我们应遵守哪些礼仪规范？在日常生活中，乘坐其他公共交通工具时应遵守哪些礼仪规范？

知礼明礼

任务一 熟悉出行礼仪

一、行路礼仪

行走是我们日常生活中必不可少的行为。在行走时，只有遵守相应的礼仪规范，才能展现出良好的个人素养。下面主要介绍在道路行进、出入房间、上下楼梯和搭乘电梯时应遵守的礼仪规范。

（一）道路行进

在道路上行走时应注意以下几个方面：

（1）步行时应走人行道，不要与自行车或机动车抢道，不跨越马路护栏。横穿马路时应走人行斑马线，且一定要等绿色交通指示灯亮起之后、没车通过之时才能走到斑马线上。

（2）靠右侧行走，不可逆行。逆行会扰乱交通秩序，还可能会引发交通事故。

（3）多人行走时，不可并排同行，不能互相打闹，以免影响他人通行。

（4）路遇熟人和朋友需要主动打招呼时，不可大喊大叫，以免惊扰他人。若要停下来与朋友交谈，则应选择不阻碍行人的地方。

（5）不要边走路边吃东西，这样既不卫生又不雅观。走路时要注意维护环境卫生，不要随地吐痰，也不要随手扔垃圾。

（6）行走时应体现“女士优先”的原则，如进出大门时男士应礼让女士。

（二）上下楼梯

上下楼梯时，应当遵守以下礼仪规范：

靠右行走，将左侧的通道留给有急事的人；单排行走，而不要多人并排行走，以免妨碍后面的人通行；在下楼梯过程中为他人带路时，引导者应走在前面，被引导者走在后面；在上楼梯过程中为他人带路时，引导者应走在后面，被引导者走在前面；不可在楼梯口交谈，以免给他人带来不便；要注意与身前、身后的人保持一定距离，以防碰撞；无论有多么紧急的事情，上下楼梯时都不可推挤他人。

（三）搭乘电梯

扫一扫

电梯礼仪

搭乘垂直电梯时应注意以下几个方面：

（1）注意安全。当电梯关门时，不要扒门或是强行挤入。当电梯人数超载时，应主动退出电梯。当电梯在升降途中暂停时，应保持冷静、耐心等候，不要冒险行动。

（2）出入有序。进入电梯时应讲究先来后到；走出电梯时应由外而内依次走出，不可争先恐后。

（3）快进快出。电梯门开启时间一般只有十几秒，快进快出是安全原则。据统计，相当一部分电梯事故是因电梯门故障造成的。

（4）主动帮忙。遇到残障人士同乘电梯时应主动给予帮助，让其先进电梯。进入电梯后，应帮助他人按住开门按钮，以防电梯门关闭。当他人帮忙按住电梯开门按钮时，应向其说声“谢谢”。

（5）切勿攀谈。在电梯里尽量不要攀谈，以免打扰他人。如果遇到熟人，则打个招呼就可以了。

此外，在商场、机场或娱乐场所乘坐自动扶梯时，应自觉地站在右侧，以便给有急事的人留出一条通道。

二、乘坐公共交通工具的礼仪

（一）乘坐公交车的礼仪

乘坐公交车时，应遵循以下礼仪规范。

1. 遵守乘车次序

候车时应按顺序在站台上排队；车辆进站后，应待车停稳后再依次上车；若遇到老人、残障人士、孕妇或儿童，则应礼让他们，让他们先上车，必要时可搀扶他们上车；如果车辆满员或已十分拥挤，则应耐心等待下一辆车，而不能拽住车门、腾空悬挂，否则既危及自身安全，又耽误车辆出行。

2. 主动购票

上车后应主动投币、自觉买票或出示公交卡。

3. 互谅互让

上车后，不要争抢座位。遇到老人、病人、残障人士、孕妇或怀抱婴儿的人时应主动为其让座。若别人为自己让座，则应立即道谢。没有座位时应往车厢里面走，站稳并牢抓拉环。若车内不拥挤，则应与其他乘客保持适当的距离，而不要靠得太近。若车内比较拥挤，乘客之间发生碰撞、踩踏时应相互体谅。若不慎碰撞、踩踏了他人，则应马上道歉；当别人向自己道歉时，应大度地说“没关系”，予以谅解。

4. 保持车内卫生，注意乘车安全

在车上不能随地吐痰、乱扔杂物，不要将头、手等部位探出窗外。携带尖硬、易碎的物品上车时应妥善放置，以免伤害到他人。下雨天上车后，应将雨伞的尖顶部分朝下，以免戳伤他人。

5. 有序下车

下车之前应提前做好准备，在车辆到站之前应向车门靠近。若需要他人让道，则应有礼貌地打招呼并予以提示，如“对不起，请让一让”“谢谢您，请换个位置，我要下车”等，而不要一声不响地向外挤。车到站后，应按顺序下车，照顾并礼让老、弱、病、残、孕等需要照顾的乘客。

（二）乘坐出租车的礼仪

乘坐出租车时，应遵循以下礼仪规范。

1. 礼貌乘坐

拦出租车时应礼貌招手，待出租车停稳后从右侧车门上车，上车后应把门关好并主动告知目的地。在出租车上一般应避免与司机交谈，亦不可在车内吸烟。下车时应主动支付车费，并向司机道谢。

2. 同乘礼仪

当与长辈、尊者或女士同行时，应主动为其开车门，待对方入座后再到副驾驶座就座。出租车到达目的地后，应主动付费。

（三）乘坐火车的礼仪

乘坐火车时，应遵守以下礼仪规范。

1. 礼貌候车

在候车厅等候时，应爱护候车室的公共设施，不要喧哗。携带的物品应放在座位下方或前方，不要抢占座位或多占座位，更不要躺在座位上使别人无法休息。保持候车室内的卫生，不要随地吐痰，不要乱扔果皮纸屑。

2. 对号入座

进入车厢后应对号入座。如果有人坐在了自己的位置上，不要盛气凌人地把人赶开，而应礼貌地说“对不起，我买的是××号，请让一下”“您好！这是我的座位”等。如果买的是无座票，上车寻位时更应注意礼貌，可以暂时坐在没有人的座位上，待座位主人上车后再及时让出。

法治在线

《民法典》第815条规定，旅客应当按照有效客票记载的时间、班次、和座位号乘坐。

为了维护正常的运输秩序，保护旅客的人身、财产安全，旅客和承运人都应当遵守客运合同中的义务。旅客除了应当支付票款外，还应当按照有效客票记载的时间、班次和座位号乘坐。

3. 举止得当

（1）放行李。上车后，应迅速把行李放到行李架上，而不应放在过道上或小桌上。若需要移动他

人的行礼，则应征得他人的同意。自己的行李要摆放整齐，同时不要将行李摞在他人的行李上，除非经过他人同意。往行李架上摆放行李时，不要穿着鞋踩踏座位或床铺。

（2）交谈。坐定之后，待时机成熟再与邻座交谈。在交谈过程中，应注意分寸，不要打听他人的隐私，不要贸然地索要他人的地址、电话等信息，不要旁若无人地嬉笑打闹。当他人交谈兴致不高或准备休息时，应马上结束谈话。

（3）用餐。去餐车用餐时，如果人数过多，应耐心地排队等候。用餐时应节省时间，用餐完毕应立刻离开，不要影响其他人排队就餐。

（4）休息。在座位上休息时，不要东倒西歪，不要卧倒在座位上，不要靠在他人身上，也不要把鞋脱掉或把脚放到对面的座位上。乘坐卧铺时应换上干净的鞋袜，以免脚部异味影响其他乘客休息。

4. 讲究卫生

在车厢内应避免吸烟。在公用小桌上，不要过多堆放自己的物品。吃东西时所产生的垃圾，应扔到垃圾袋里，不要扔到过道上。

5. 有序下车

列车到站后，应排队下车，不要争先恐后。当他人拿不动行李时，应主动给予帮助。若他人帮助了自己，则应礼貌答谢。

礼仪互动吧

在乘坐火车过程中，你遇到过哪些不文明行为？你是怎样应对的？请和学生展开讨论，并进行角色扮演，练习并掌握相关的礼仪。

（四）乘坐轮船的礼仪

乘坐轮船时，应遵守以下礼仪规范。

1. 有序登船

乘船时不得携带易爆品、易燃品、易腐蚀物品等违禁品。登船前应积极配合工作人员的安检工作。登船时应按先后次序排队，不要拥挤、插队。与长者、女士、儿童同行时应主动礼让，必要时应给予其帮助。上船时应注意安全，不要乱蹦乱跳。

上船后应对号入座；若自己买的是不对号的散席船票，则应听从工作人员的安排，有序入座。

2. 注意安全

在轮船上进行室外活动时，应时刻注意安全，切勿抱有侥幸心理，去不安全的地方（如轮机舱内、救生艇上、桅杆上等）玩耍。海上风浪比较大时，船会晃动得比较厉害。为了安全起见，尽量不要一个人在甲板上游玩，更不要擅自下水游泳。

3. 讲究卫生

在轮船上应自觉维护公共卫生，不要随地吐痰，也不要乱扔废弃物。与他人同住一个客舱时不要吸烟。若周围有人晕船、生病，则应给予力所能及的帮助。

4. 听从指挥

如果轮船在行进途中遭遇天灾或发生事故，应听从工作人员指挥，有序撤离，不要惊慌失措地跳水求生。

（五）乘坐飞机的礼仪

乘坐飞机时，应遵守以下礼仪规范。

1. 提前候机

一般来说，乘坐国内航班时应提前90分钟到达机场，乘坐国际航班时应提前120分钟到达机场，以便办理值机手续。在办理手续时，应有序排队，耐心等待，听从工作人员的指挥。

2. 礼貌登机

登机前应自觉排队检票。当乘务员在机舱门口热情迎接乘客时，乘客应向他们点头致意或问好。登机后应对号入座。

3. 遵守规则

乘机时，应严格遵守飞机上的一切规章制度，听从乘务员的建议。坐定之后应系好安全带、关闭手机，等待飞机起飞。若想要如厕，应尽量在飞机起飞、降落之前进行。需要调整座椅靠背的倾斜度时，应礼貌地询问后排的乘客是否方便。在机舱内说话时应降低音量，尤其是其他乘客闭目养神或阅读书报时，以免影响其他乘客。

此外，乘客应礼貌对待乘务员。乘务员送来食物、饮料时，应根据自己的需要适量取用，并向乘务员表示感谢。

4. 讲究卫生

乘机期间，不要吸烟，也不要乱扔垃圾。因身体不适而想要呕吐时，务必及时使用专用的清洁袋。

三、驾车礼仪

在现代生活中，汽车越来越成为我们生活中密不可分的一部分。驾车时，应重视和遵守驾驶礼仪，做到文明驾车。

（一）正确使用喇叭

汽车喇叭是驾车时使用较频繁的设备。不同的喇叭打法代表不同的意思，驾车时应正确使用。不要不分场合、习惯和频繁地使用汽车喇叭，以免使他人反感；也不要在应该使用汽车喇叭时却不用，以免引发交通事故。

礼仪小贴士

（1）一声短“嘀”表示打招呼，有“谢谢！”“你好！”“我先走了！”的意思。

（2）两声短“嘀嘀”，表示提醒他人：“注意，有车来了。”

（3）一短一长“嘀、嘀——”，表示紧急提醒他人：“靠边！危险！”

（4）一声长“嘀——”，表示催促他人让路。

（二）合理使用灯光

汽车上有夜行照明灯、夜行示宽灯、转向灯、刹车灯、紧急信号灯、雾灯等，各种灯光具有不同的用途。灯光的使用直接关系到行车的安全，驾车时务必正确使用。

- **夜行照明灯：**有远光灯、近光灯两种形式。在有路灯的道路上行驶时应用近光灯；在无路灯道路或高速公路上行驶时可开远光灯，但会车时，应关闭远光灯换成近光灯。

- **夜行示宽灯**：用来在夜幕降临时、视线不明时显示车身宽度和长度，以保证晚上行驶的安全。
- **转向灯**：是最常用的信号灯，当车辆需要转向时开启。需要注意的是，开启转向灯的时间应在距转弯路口 30 m 至 100 m 左右时，以免尾随车辆措手不及造成追尾。
- **刹车灯**：亮度较强，主要用来告知后车，前车要减速或停车。此灯如使用不当极易造成追尾事故。
- **紧急信号灯（双闪）**：主要在车辆发生故障需要临时停车等紧急情况下使用，在能见度较低的恶劣天气也应打开。
- **雾灯**：可以帮助驾驶员在雾天或雨天等能见度较低的情况下，让其他车辆看见本车，以防止碰撞事故的发生。所以，在雾天或雨天驾车时一定要打开雾灯。

（三）遵守交通指示灯

驾车时，一定要遵守交通指示灯，待绿色交通指示灯亮起后再通行。如果遇到红灯，即使没有其他车辆或行人在过马路，也应停下等候。此外，在有斑马线的路口等候时，应将车停在距离斑马线 1 m 之外。

（四）正确停靠

驾驶员只能在允许停车的地方停车，停车时不应占用两个停车位，也不应把车停在挡住其他车辆出入的地方。与其他车辆同时寻找停车位时，应注意礼让。

礼仪故事屋

礼让斑马线

2021 年 3 月 26 日傍晚，恰逢学生放学之际，慈溪市南二环快到孙塘路十字路口的斑马线上，3 名初中生一边向礼让行人的司机鞠躬，一边快速通过。这一举动，被司机的行车记录仪捕捉到。

据了解，当天下午放学时，3 人在路边等待过马路，很快就有几辆车停下了，他们一边鞠躬，一边小跑过去。“我们认为在过斑马线的时候，能为我们让行的车主很善良，我们要向他们鞠躬致谢。平时在家里、学校里，父母和老师都教我们要学会感恩，鞠躬是最基本的。”他们说。

车辆礼让斑马线，体现的是人情味，彰显的是城市文明。

任务二 熟悉公共场所礼仪

一、宾馆礼仪

（一）提前预约

入住宾馆前，最好提前预约。这样既方便自己，又利于宾馆的管理。

（二）登记入住

进入宾馆大堂后，首先应该到前台登记，办理入住手续。这时，要主动出示身份证等有效证件，积极配合宾馆工作人员提供相关信息（包括预约信息），等办理好所有手续后方可离开。如果随身携带了大量的行李，宾馆服务人员通常会帮忙搬运行李，此时应礼貌地表示感谢。

（三）保持客房卫生

在宾馆住宿时，良好的个人卫生习惯十分重要。虽然打扫房间是宾馆服务人员的工作，但也不要理所当然地不注意卫生，不要随地吐痰，不要在墙上乱涂乱画，垃圾要扔到垃圾桶里，东西也要摆放整齐。

（四）礼待服务人员

在与宾馆服务人员相处时，应平等对待他们、尊重他们。出入宾馆时，服务人员为自己开启大门，或向自己问好，应予以回应或表示感谢。搭乘有人服务的电梯，应清晰地报出自己要去的楼层，并向服务人员致谢。当服务人员需要进入客房打扫卫生时，应表示欢迎，并且道谢；如不方便其进入，可事先在门外把手上悬挂“请勿打扰”的告示牌，或开启“请勿打扰”指示灯。

（五）礼貌离店

在离店之前，可以先给前台打个电话通告一声，如果行李很多，可以请其安排服务人员来帮忙提行李。离店时，不可以拿走毛巾、睡衣或其他属于宾馆的物品。如果想要些纪念品的话，可以到宾馆的商店或商务中心去购买。

如果不小心弄坏了宾馆的物品，要主动声明，不要隐瞒抵赖，要勇于承担责任并加以赔付。结完账，要礼貌地致谢，并友好地与宾馆服务人员道别。

二、影剧院礼仪

扫一扫

大剧院观赏礼仪

到影剧院看电影、戏剧或文艺演出时，应当遵守影剧院内的公共秩序，讲究文明礼貌。

（一）入场

到影剧院看电影、戏剧或文艺演出时应提前到场，对号入座，并礼让其他观众，不要随意更换座位。若迟到了，则可在幕间休息时入场；若没有幕间休息，则应在工作人员的引导下悄悄入座，入座时应弯腰前行，放轻脚步，不要影响他人观看演出；对起身为自己让座的观众应表示感谢；从让座者面前经过时应与之正面相对，切忌将自己的臀部对着其脸部，否则是非常失礼的。

（二）观看

（1）观看时应摘掉帽子，以免遮挡后排观众的视线。

（2）观看时应坐姿端正，不左右晃动。

（3）自觉遵守场内规则，保护场地卫生，不吃零食，不随地吐痰。

（4）观看时应保持安静（见图4-1），不要大声谈笑、窃窃私语、附唱、解说或品评。

图 4-1　节目演出现场

（5）在观看过程中应关闭手机或将手机铃声设为振动。

（6）在观看过程中不能随意退场。因特殊情况须中途退场时应轻步慢行，并尽可能在幕间休息时退场。

（7）演出不对口味或演员表演出现失误时应给予谅解，切忌喝倒彩、吹口哨、起哄或做出其他有辱演员人格的举动。

（8）若中途断片，应耐心等待，而不要随意走动、喧哗打闹。

（9）若现场不允许摄影或摄像，应遵守相关规定；若没有特殊规定，一般可以摄影、摄像，但现场拍照时切勿使用闪光灯。

（三）退场

在演出结束之后、正式离场之前，观赏者的文明举止应有所延续。待演员谢幕后，观赏者方可有序退场。退场时应随手带走自己在观看演出时制造的垃圾。退场过程中应当相互礼让，不要推搡、拥挤、踩踏座椅等，更不要顺手带走公共物品。

礼仪故事屋

令人称赞的观剧修养

某年 3 月的一天，世界著名钢琴大师维阿杜在南京艺术学院音乐厅的一场独奏音乐会获得了圆满成功。令人意外的是，在维阿杜演出的音乐厅里，虽然有数百名琴童到场，但场内秩序却好得出奇，现场没有出现喧哗打闹和满场乱窜的现象。第二天，《扬子晚报》对这一现象进行了报道。随后，现场观众的观剧修养成为社会讨论的热门话题。近几年来，陆续出台的文明礼仪基本规范在传承中华传统礼仪的同时，也与时代的要求接轨。例如，关于“观赏之礼”的要求就有“观看时摘掉帽子，尽量降低身体重心，不影响后排观众观看”“观赏高雅艺术演出时要着正装”等。

三、观赛礼仪

扫一扫

文明观赛礼仪

体育场是进行体育锻炼和体育比赛的场所。在体育场观看比赛，应遵循以下礼仪。

（一）遵守秩序

（1）入场前应根据赛事活动组织方的要求着装，并准备相关票证。

（2）入场时应积极配合组织方的要求，提前、有序入场，在入口处主动出示票证，以配合工作人员的检验工作；关心弱势人员，礼让老人、妇女和儿童，主动为有需要的人引路、指座；不带易燃易爆物品、管制刀具等危险物品入场，也不带宠物入场。

（3）入场后应对号入座，遵守会场纪律（见图4-2），不站立在通道上，不大声说话，不四处乱晃。如果入场迟到了，应弯腰前行至座位；或者就地等待，待中场休息时再寻找自己的座位。

图4-2 观赛现场

（4）观赛时应摘掉帽子，尽量降低身体重心，以免影响后排观众观看；尊重场上的运动员，不要吃东西，也不要接打电话；若无特殊情况，不提前离场；若因特殊情况需要提前退场，则应避免打扰他人。

（5）比赛结束后应按顺序离开座位，从最近的出口有序退场，并主动将杂物、垃圾带出场外。

（二）爱护环境

观赛期间，观赛者应自觉维护体育馆内的卫生，爱护环境和公共设施，不乱踩座位，不翻越栏杆，不破坏公物，不随地吐痰，不乱扔果皮、瓜子壳等废弃物，不在场馆内吸烟。与此同时，每一位观赛者都应注意维护人文环境，与其他观赛者和谐相处。

（三）专心欣赏

观赛时一定要专心，不要做一些与观赛无关的事，不要交头接耳、喧哗打闹、四处走动等，否则，不仅可能错过精彩瞬间，而且可能影响其他观赛者。

了解比赛开始的时间、中场休息的时间、观看比赛的注意事项、各种竞赛规则等，积累竞赛的相关知识，以便更好地维护赛场秩序并文明观赛。在观赛过程中，拍照时不要使用闪光灯（见图4-3），因为闪烁的灯光会分散运动员的注意力，甚至可能致使运动员比赛失误或受伤。

此外，近距离观看射击、羽毛球、网球、短跑等项目的比赛时应将手机关闭或调成振动。

图 4-3　拍照时不要使用闪光灯

（四）礼貌喝彩

观看比赛时，观赛者应自觉遵守赛场秩序，文明地宣泄情绪，不可出现过激言行；为运动员加油助威的标语、口号等应健康、和谐。礼貌喝彩，对本方运动员和对方运动员都应加油助威，对精彩表演都应掌声鼓励；助威、喝彩要适时，切忌起哄、吹口哨、怪声尖叫、喝倒彩、扔东西等。如果使用乐器加油助威，则应注意节奏，做到有张有弛，不能影响运动员比赛。观看残疾运动员比赛时，切忌有蔑视、歧视、侮辱的言行。

尊重比赛选手和裁判员，理智对待比赛结果，切忌对裁判员大吼大叫。当自己所支持的运动员出现失误时应给予安慰，而不要埋怨或责怪。

礼仪小贴士

作为观众，主动了解竞赛的基本常识和竞赛规则，有利于提高欣赏水平，也可以有效地避免观赛过程中产生不必要的冲突。

四、医院礼仪

医院是救死扶伤的地方，也是一个特殊的公共场所。去医院看病，要讲究就诊礼仪；去医院看望病人时，则应注重看望病人的礼仪。

（一）就诊礼仪

1. 遵守规定

去医院就诊时，要自觉遵守医院的规定，如不在医院内吸烟，不随地吐痰，不乱丢垃圾，不高声喊叫、哭闹，不争抢插队，按先后次序就诊等。

2. 自觉回避

如果患感冒或其他流行性传染病，就诊时要自觉戴上口罩，打喷嚏或咳嗽时也要回避他人。

3. 切勿围观

病人在接受诊治时，其他人不应围观，这样容易妨碍医生就诊，而且别人的病情也属于个人隐私。

4. 尊重医生

如果对医生的诊断有怀疑，可以委婉礼貌地向医生说明原因，请医生再做考虑。如果认为医生对疾病做了不当处理，应认真询问处理依据，不可纠集亲友聚众闹事，而应通过法律的途径来解决问题。

（二）探望礼仪

1. 时机恰当

探望病人应选好时间，在医院允许的探视时间内进行。不要在病人刚住进医院或刚做完手术便去探望，以免影响病人的治疗和休息。

2. 礼品合适

探望病人时，可根据病人所患疾病及其病情，携带合适的礼品。例如，一束香味淡雅的鲜花或一些适合病人食用的水果、营养品等。

3. 话题轻松

探病者去医院探望病人时，表情宜轻松、自然、乐观，神态不要过于沉重，更不要在病人面前落泪，以免给病人造成精神压力。

探病者见到病人后，应先问候一句：“今天好些了吧？”或“今天精神好多了吧？”然后再具体询问病人的病情和治疗情况。与病人交谈时应轻声细语，说些宽慰与鼓励的话，使病人增加战胜疾病的勇气。

4. 适时告辞

探病者在病房逗留时间不可太长，一般以 10 分钟左右为宜，时间过长会影响病人的休息。告辞时，应该问一下病人是否有什么需要帮助办理的事情，并嘱咐病人安心休养。

五、公园游玩礼仪

在公园游玩时，应讲究社会公德，遵守有关游园礼仪。

（一）遵守规定

1. 拍照取景的规定

在公园景点拍照时，应遵守规定，不让拍照的不能强行拍照；拍照时不能践踏草坪、攀折树枝、攀爬雕塑作品等；拍照时应相互谦让，不能争抢，也不要妨碍他人、影响交通。

2. 爱护公物的规定

在公园游玩时，对公共设施和树木花草应爱护，不应随意在树木、雕塑、建筑上攀高、乱摸乱碰，或肆意践踏破坏。对文物古迹应倍加爱惜，不应乱写、乱刻、乱画。对园内里放养的珍禽异兽，不应进行喂食、抓捕、恐吓。

（二）讲究卫生

在公园游玩时，应自觉爱护环境卫生，不随地吐痰，不乱扔果皮、纸屑、烟蒂、塑料袋、包装盆等。

（三）礼让他人

在公园进行练歌、唱戏、跳舞等活动时，应尽量避免干扰他人。公园所设置的长椅长凳，是供游人短暂休息用的，不可一个人长时占用。

（四）注意安全

在公园内坐船游玩时，不应肆意打斗追逐，以防翻船落水；不应只身独闯危险地段；不应在公园里从事攀岩等比较危险的运动。在拍照、摄像或观看动物时，应留神足下，防止发生意外事故。吸烟者、野餐者、野炊者，需特别注意防火。

知礼善用

文明劝导我先行，志愿服务在行动

任务描述

身穿志愿者马甲，头戴志愿小红帽，手执“文明交通”指挥旗……这就是文明交通劝导志愿者的穿着。他们积极投身文明交通志愿活动中，用实际行动为城市增添文明色彩。

请同学们通过志愿者招募相关网站或学校的志愿者协会了解文明交通劝导志愿者的招募情况，并积极参与其中，利用课余时间投身文明交通志愿活动中。

任务分组

全班学生以 4～6 人为一组进行分组，各组选出组长并进行任务分工，将小组成员即分工情况填入表 4-1。

表 4-1 小组成员及分工情况

<table>
<tr><td>班级</td><td></td><td>组号</td><td></td><td>指导教师</td><td></td></tr>
<tr><td>小组成员</td><td>姓名</td><td>学号</td><td colspan="3">任务分工</td></tr>
<tr><td>组长</td><td></td><td></td><td colspan="3"></td></tr>
<tr><td rowspan="5">组员</td><td></td><td></td><td colspan="3"></td></tr>
<tr><td></td><td></td><td colspan="3"></td></tr>
<tr><td></td><td></td><td colspan="3"></td></tr>
<tr><td></td><td></td><td colspan="3"></td></tr>
<tr><td></td><td></td><td colspan="3"></td></tr>
</table>

任务准备

回忆所学知识，熟悉行走、乘坐公共交通工具、驾车时应遵守的礼仪规范；学习与交通相关的法律法规。

任务实施

积极参与文明交通志愿活动，并将具体实施情况记录在表 4-2 中。

表 4-2　实施情况记录表

时间安排	实施步骤
	1．了解文明交通劝导志愿者的招募情况 （将了解途径及所了解到的内容写在下方）
	2．根据所了解到的情况进行报名
	3．报名通过后，根据相关安排开展志愿活动 （可通过视频的形式进行记录）
	4．与小组成员分享自己的感悟与收获，并将其写在下方

评价反馈

各组配合指导教师完成如表 4-3 所示的考核评价表。

表 4-3　考核评价表

项目名称	评价内容	分值	评价分数		
			自评	互评	师评
知识、技能考核（60%）	熟知行走、乘坐公共交通工具及驾车时应遵守的礼仪规范，能够在志愿活动中告知行人和司机正确的礼仪规范	20			
	熟悉与交通相关的法律法规，能够在志愿活动中引导行人和车辆遵守交通规则，相互礼让	20			
	掌握信息搜集的方法，能够及时有效地了解有关文明交通劝导志愿者招募的相关信息	10			
	熟悉视频的拍摄技巧，能够清楚地记录志愿活动过程	10			
综合素质考核（40%）	积极实施任务	10			
	具备良好的团队合作意识	10			
	具备志愿精神，乐于服务他人	10			
	认真细致，考虑问题全面	10			
合计		100			
总评	自评（20%）+互评（20%）+师评（60%）=	教师（签名）：			

拓展阅读

积极推进礼仪教育

社会文明程度得到新提高，是我国“十四五”时期经济社会发展的主要目标之一。礼仪作为一种制度规范和价值载体，具有成风化人的教化功能。努力实现社会文明程度得到新提高的目标，需要积极推进礼仪教育，不断提升人民群众文明素养，推动全社会形成适应新时代要求的思想观念、精神面貌、文明风尚、行为规范。

建立礼仪制度

礼仪制度能够调节各种社会关系，是加强礼仪教育的重要基础。

加强礼仪制度建设，要坚持以社会主义核心价值观为引领，继承优秀传统，立足当代实践，增强中国特色。强调全面性，既完善国家层面的重大纪念庆典活动礼仪制度，又规范社会层面的生产生活礼仪制度；既完善全社会共同遵守的礼仪规范，又制定体现各行各业特点的行为准则。呈现民族性，体现以爱国主义为核心的民族精神，传承发展中华优秀传统礼仪文化，在内容和形式上彰显中国精神、中国价值、中国力量，树立文明古国、礼仪之邦的良好形象。彰显时代性，体现以改革创新为核心的时代精神，符合现代文明基本理念，凸显中华传统礼仪文化的时代价值，并利用网络信息技术丰富其表达方式和呈现样式。

优化教育模式

礼仪教育的系统性要求整合优化多种教育模式，着力构建家庭、学校、社会协同发力的礼仪教育体系，让人们在实践中自觉感知礼仪、尊崇礼仪、践行礼仪，推动现代文明礼仪内化于心、外化于行。发挥家庭作为礼仪教育第一课堂的作用，通过言传身教、耳濡目染，促进青少年学礼尚礼；发挥学校作为礼仪教育主阵地的作用，通过开设礼仪课程、强化礼仪训练，组织开展升国旗仪式、入党入团入队仪式等礼仪实践活动，把礼仪教育贯穿教育教学全过程；发挥社会作为礼仪教育“实训基地”的作用，通过举办礼仪培训班、礼仪文化节等，提高社会公共礼仪水平。随着信息技术的迅猛发展和互联网普及程度的不断提升，上网成为人们工作生活常态。应依托新媒体技术，将线上与线下礼仪教育相结合，确立网络公共空间的礼仪、礼节、礼貌规范，进一步营造清朗网络空间。

营造文化氛围

大力营造全民学礼、明礼、尊礼、用礼的浓厚氛围，有助于开展礼仪教育、提升教育效果。重大纪念庆典活动是开展礼仪教育的重要契机，可以进一步优化形式和规程，体现仪式感、庄重感、荣誉感，营造国家崇礼重礼的文化氛围。加大对重要礼仪的宣传普及，综合运用各种媒体，通过专题栏目、公益广告等形式，大力宣传日常生活中的礼仪活动和礼仪规范，普及礼仪知识，讲好礼仪故事。发挥先进典型的示范引领作用，通过评选、表彰文明礼仪模范个人和先进单位，以榜样的力量激励人、鼓舞人，推动全社会形成见贤思齐、争当先进的良好氛围。开展群众性文明礼仪创建活动，组织开展文明礼仪比赛、自创自演礼仪剧目等活动，广泛弘扬文明礼仪新风。

项目五

尊师友爱，秉持文明传统——校园礼仪

项目导读

校园礼仪是在校学生的行为规范。学习和遵守校园礼仪对于提高个人素质修养、构建和谐校园，净化社会风气、促进社会文明，都具有重要意义。本项目主要介绍了校园礼仪中与教师交往的礼仪、与同学交往的礼仪和校园公共场所礼仪。

学习清单

完成一项学习任务后，请在对应的方框中打钩。

课前预习	□	1. 准备学习用品，预习课本知识
	□	2. 通过网络了解校园礼仪的相关知识
	□	3. 回想自己在学校的日常生活中有没有不文明的行为
	□	4. 询问身边的同学、教师等，向他们了解在日常生活中自己有没有让他们感到不快的行为
课中学习	□	1. 掌握课堂礼仪和出入办公室的礼仪
	□	2. 熟悉与同学交往的原则，掌握宿舍礼仪及同学间借用钱物的礼仪
	□	3. 掌握图书馆礼仪、食堂礼仪、大会或典礼礼仪
实践练习	□	1. 积极、认真地参与实践活动
	□	2. 剧本情节合理，具有可实施性
	□	3. 能够将所学知识运用到宣传片中，使宣传片取得较好的引导效果

礼行天下

大学课堂掠影

场景一：某日清晨，上课铃声刚刚响过，一位同学左手拿着面包，右手拿着酸奶，疾步走进教室，准备在课堂上吃早餐。而此时，在教室一角，一位同学正大口吃包子，教室里弥漫着一股包子味……

场景二：某节课上，全班同学正在认真听讲，突然，一名学生推开前门走入教室，并将门顺手一关，只听“砰”的一声。然后，这名学生开始慢悠悠地寻找合适的位置。此时，已经上课近十分钟了，这名学生的到来不仅打断了老师的讲解，而且扰乱了其他学生的注意力。

场景三：某班正在上课，突然，教室中响起了“喂，有电话了，喂，有电话了……”搞怪的童声立即引起了哄堂大笑。

场景四：在夏季的课堂上，常常有一些同学穿着背心、短裤加上一双拖鞋，心安理得地坐在讲台下。他们认为，“穿衣服是我自己的事儿，不会妨碍别人”。

问题

上述场景中，学生的言行举止是否符合礼仪规范？

知礼明礼

任务一 掌握与教师交往的礼仪

一、课堂礼仪

课堂是教师向学生传授知识的场所。而遵守课堂礼仪是学生最基本的礼貌，有助于促进教师与学生的沟通，提高教学质量。

扫一扫

课堂礼仪

（一）上课前的礼仪

1. 做好课前准备

（1）仪容着装准备。进入教室要保持仪容整洁、仪表端庄、仪态大方。男生不要胡子拉碴、发型怪异；女生不要穿奇装异服。此外，无论男生还是女生，夏天都不能穿背心、拖鞋到教室。

（2）上课材料准备。上课前应带好上课所需要的书籍、笔记本和其他文具进入教室，做好上课准备。这既是尊重老师的表现，也是尊重整个班级的表现。所有的学生都应注意避免因个人准备欠妥而影响整个班级上课。

2. 提前进入教室

学生应提前几分钟进入教室，做好上课准备，静候老师到来，这是对老师的尊重。上课铃声响后才进入教室，或者老师开始讲课时才气喘吁吁地跑进教室，都是非常失礼的行为。

3. 入座礼让同学

入座时同学之间应该相互礼让，将前排座位让给视力较差或身高较矮的同学，不要争先恐后地争抢座位。

4. 礼貌问候老师

当老师走向讲台时，全体学生应迅速起立，向老师行注目礼并问好，老师答礼之后方可坐下。

5. 课前关闭手机

上课前关闭手机是学生应当遵守的基本礼仪规范。如果因有重要事务不能关闭手机，则应将手机调成振动或是静音。

（二）迟到时的礼仪

学生上课不能迟到。如果因特殊情况而迟到了，则应注意以下礼仪规范：

（1）迟到时应在教室门口停下脚步，立定并大声喊“报告”。如果教室门关着，则应先轻轻地敲门，在得到老师的允许后再进入教室。

（2）当老师询问迟到的原因时，应实事求是地向老师做出解释。如果受到老师的批评，应诚恳地接受批评并承认错误。在得到老师的谅解和允许后，方可入座。如果老师对于迟到产生误会，不要当场解释、争辩，更不能当众反驳、顶撞，而应该在下课后平心静气地向老师解释清楚，也可以写书面材料交给老师，或者在事后寻找合适的时机加以说明，以消除误会。

（3）走向自己的座位时，应确保脚步轻健、动作幅度小，以尽量减少对课堂秩序的干扰。

礼仪小贴士

一般来说，老师应当准时进入教室上课，不应迟到。老师若因遇到特殊情况而不能准时到达教室，则必须在正式上课前向学生做出解释并致歉，以求得学生的谅解。

（三）课堂中的礼仪

1. 精神饱满

在课堂上，要集中注意力，认真听老师讲解，并做好笔记。不要心不在焉，打哈欠、打瞌睡；不要和同学说悄悄话或看其他书报；更不要玩手机或者游戏。

2. 言行得体

当老师提问时，若想发言应先举手，待老师点到名字后再站起来回答问题，未经老师允许不要随意发言，也不要坐在座位上发言，更不要随意打断他人的发言。发言时，站姿要端正，态度要落落大方，声音要清晰响亮。若无法回答老师的提问，也应先起立，再向老师解释清楚。其他同学发言出错时，切忌哄笑挖苦。

如果听课过程中遇到问题，则应先举手示意，待老师同意后才可以提问。提问的时候态度要谦虚。若与老师的观点不同，则可以用征询的语气委婉地说出自己看法，谦虚地与老师探讨，切忌与老师激烈争辩，甚至对老师冷嘲热讽。

（四）下课时的礼仪

下课铃响后，若老师还未宣布下课，则应继续安心听讲，等待老师宣布下课。而不要忙着收拾书本，或者把桌子弄得嘎吱作响，甚至直接离开教室，否则，就是对老师的不尊重。

课间休息的时候，应主动为老师擦黑板，但须先征求老师的意见。

二、办公室礼仪

（一）出入办公室的礼仪

办公室是老师工作的地方，学生出入老师的办公室时应当遵守以下礼仪规范：

（1）进入老师的办公室时一定要敲门或大声喊“报告”，得到老师的允许后方可进入。如果老师正在休息，而自己并没有紧急的事，则不要打扰老师。

（2）进入办公室后应轻轻地关上门，见到其他老师时应礼貌地问好。

（3）老师邀请入座时，学生才可以坐下，并应礼貌致谢。

（4）如果所找的老师不在，则可礼貌地询问其他老师，或者给老师写留言条。

（5）在办公室里，不能乱动桌上的材料物品。

（6）在老师办公室里说话应降低音量，尽量不影响其他老师正常工作。

（7）离开办公室时应礼貌地向老师告别。

（二）与教师交谈的礼仪

与老师交谈时需要注意以下礼仪规范：

（1）与老师交谈时应直截了当，并确保意思明确，而不要转弯抹角。

（2）与老师交谈时，应确保距离适中，一般距离 1.5 米左右，太近和太远都是不礼貌的。

（3）不要随便打断老师的讲话。

（4）不赞成老师的观点时应委婉地发表自己的看法，而不要反问或质问老师，更不要无礼地顶撞老师。

礼仪故事屋

汉明帝敬师

汉明帝刘庄做太子时，博士桓荣是他的老师。后来刘庄继位做了皇帝，“犹尊桓荣以师礼”。他曾亲自到太常府去，设置几杖（即坐几和手杖，古时候常作敬老者之物），并让桓荣坐东面，他自己则像当年讲学一样聆听桓荣的指教。桓荣生病时，汉明帝就专程派人慰问，甚至亲自登门看望。每次探望老师，他都是一进街口便下车步行前往，以示尊敬。进门后，他常常拉着老师枯瘦的手默默垂泪，良久乃去。当朝皇帝对桓荣如此，所以“诸侯、将军、大夫问疾者，不敢复乘车到门，皆拜床下”。桓荣去世时，汉明帝还根据礼仪规定换了衣服，亲自临丧送葬，并对桓荣的子女进行妥善安排。

任务二 掌握与同学交往的礼仪

一、与同学交往的原则

（一）相互尊重

不同的人在人格上是平等的。同学之间应互相尊重，不对同学的相貌、体态、衣着评头论足；尊重同学的人格和生活习惯，不给同学起带侮辱性的绰号，不要讥笑、歧视他人。

（二）礼貌相待

同学之间相互问候时可彼此直呼其名，不能用“喂”“哎”等不礼貌的称呼。在有求于同学时，须用“请”“谢谢”“麻烦你”等礼貌用语。借用学习用品和生活用品时应先征求他人的同意，借用物品后应及时归还并致谢。对于学生所遭遇的不幸、偶尔的失败、学习上暂时的落后等，不应嘲笑或歧视，而应给予热情的帮助。不要谈论学生忌讳的话题，不要在背后议论学生的是非。

（三）诚实守信

诚实守信是一种美德。与学生相处应不欺不诈。只有遵守诺言才能取得他人的信任；只有以诚相待才能以心交心。

（四）谦虚随和

与学生相处时不摆架子，不自以为是，不互相攀比，不挑拨是非，不恶语伤人。虚心向品德优良、成绩优秀的学生请教。

（五）宽容理解

与学生相处时应有一颗宽容的心。遇事多为他人着想，不要斤斤计较，以免因小失大。要学会宽容与原谅。

（六）团结进取

与学生和睦相处、互帮互助、共同进步。真诚地关爱学生，不包庇、袒护学生，也不要挖苦讽刺学生。对取得了优异成绩或有明显进步的学生，应该向其虚心学习，或表示衷心祝贺，不应嫉妒。

二、宿舍礼仪

宿舍是大学生共同生活的场所，是学生共同的家，也是反映学生精神文明和礼仪修养的一个窗口，一定要格外重视。具体来说，在宿舍中要注意如下礼仪规范。

（一）宿舍生活

1. 遵守纪律

住集体宿舍要遵守宿舍纪律，在学习、用餐、起床、就寝、熄灯等方面应自觉遵守学校的规章制度。按时起床，按时熄灯就寝。需早起时要向室友们说明，起床时要动作轻柔，尽量不出声响，并尽快离开宿舍。如果因事迟归，要努力把惊扰程度减到最小。

2. 言谈文明

在宿舍里待人要谦恭和气，谈吐要文明有礼，而不要出言不逊、粗话连篇。这样同学之间才能相处得更加融洽。

扫一扫

宿舍礼仪

3. 注重隐私

在集体生活中，每位同学都要尊重他人的隐私权：不要随便使用同学的用具，不要翻看同学的笔记、书籍和物品，更不能将同学的东西据为己有；不能翻看同学的日记，不能私拆、私藏同学的信件；同学有亲友来访，谈一些私事时，其他同学要适当回避。

4. 互谅互让

在集体生活中，难免会发生一些矛盾和不愉快的事情，要宽以待人，互相谅解。即使是原则问题，也应心平气和地说明道理。

5. 友爱互助

当同宿舍的同学生病时，要主动关心，热情相助，如陪同看病、帮同学到食堂买饭、帮同学打开水等。同时，要注意给其以精神安慰，促使其尽快恢复健康。另外，当同学在生活上、经济上发生困难请求帮助时，要尽量帮助。

6. 相互信任

若在宿舍里丢失东西，不要无依据的猜测，以免影响同学之间的关系。与同宿舍同学产生隔阂时，应主动交流，进行沟通，减少误会。

（二）宿舍卫生

住集体宿舍要注意清洁卫生，自觉搞好个人卫生。衣服被褥要勤洗，早上起床后铺位要打扫干净，被褥要铺叠整齐，洗漱用具、衣服鞋袜要放好。在搞好个人卫生的同时，还要自觉遵守值日制度，主动搞好宿舍公共卫生，保持宿舍内没有杂物、纸屑，门窗洁净，桌凳及公用物品摆放整齐，如图5-1所示。

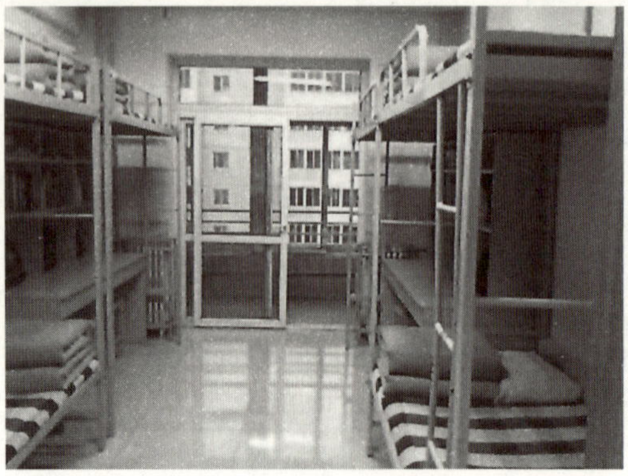

图5-1　整洁的宿舍

礼仪故事屋

一屋不扫何以扫天下

东汉时期，有个叫陈蕃的人，他年轻的时候很想干一番大事业，立志要“扫除天下”。可是他又很懒，从来都不肯动手把家里打扫干净。当时就有人批评他说：“一屋不扫，何以扫天下？”意思是说：屋里的卫生都懒得打扫的人，怎能治理天下？

这则故事警示后人立大志者要从修身做起，从小事做起，不要光说大话、空话，不干实事。同样，作为一名大学生也应该从小事做起，从宿舍的卫生做起，养成良好的个人卫生习惯，提高文明修养。

（三）宿舍安全

注意公共安全，严禁私安、私接电源和使用超大功率电器，严禁在宿舍做饭。当宿舍内的电气设施出现故障时，不要自行处理，应及时报修。

（四）宿舍串门

通常在有同学相邀，或在得到该寝室其他同学允许时，才可以串门。进门应主动向其他同学打招呼，并且只能坐在邀请你的同学的铺位上，不能随处乱坐，更不能乱用他人物品，乱翻动他人东西。说话声音要轻，串门时间不宜太长，以免影响其他同学的正常作息。

三、同学间借用钱、物的礼仪

在日常生活中，同学之间可能会相互借钱、借物。对所借钱、物要记清楚，并及时归还，以免遗忘，引起误会。具体来说，应注意以下两点。

（一）不轻易借钱或贵重物品

日常生活中的常用物品，自己要备齐。假如自己暂时没有，需要向同学借用，要向物主说明情况，待允许后再用。使用时要爱惜，用后要及时归还，并向物主致谢，请物主验收。

此外，借用别人东西时还要注意：与物主不太熟悉的，不要去借；贵重物品不要去借；物主心爱的东西不要去借。否则，会使物主为难，这也是不礼貌的表现。

（二）不能及时归还时应说明情况

所借用的钱、物应及时归还，如果不能及时归还，应及时向对方说明情况，并承诺下次归还的日期。

礼仪知识窗

男女学生交往礼仪

男女学生之间的交往应得体、适度，相处时应在公开场所进行，双方应做到言谈有礼、举止大方，不互起绰号，不讲粗话、脏话和庸俗的传闻，不对异性同学的容貌、身材和衣着评头论足。此外，男女学生相处时应避免超越异性交往的界限。

任务三 熟悉校园公共场所礼仪

一、图书馆礼仪

学校图书馆是知识的海洋，也是科学的殿堂。在图书馆里讲究礼貌公德，体现出的是一个人的文化素养。

（一）保持安静

在图书馆里走动时脚步要轻，避免将桌椅弄出声响；阅读时不要出声；遇见同学或熟人，轻轻点头或挥手示意即可，尽可能少说话，更不能高声谈笑、大声喧哗。手机等通信工具要关闭或调至振动、静音状态，如需通话，应到阅览室外，并随身带好贵重物品，如图5-2所示。

扫一扫

图书馆礼仪

图5-2 保持安静

（二）不抢占座位

图书馆作为公共场所，有空位人皆可坐。进入图书阅览室找座位时，不应为别人占座位。如果临时走开，回来时发现自己的座位被他人占据，此时不妨轻声商量，互相谅解。

（三）逐册取阅

对开架图书应逐册取阅，不要同时占有多本，这样可以让更多的同学查阅到想要的资料，如图5-3所示。阅读后或离馆时，应把书刊放回原处或放到指定地点，不能随便放在桌子上，以免影响其他人阅读。自己的纸笔要记得带走，废弃的纸张应自觉扔到馆内的垃圾桶内或带到馆外扔到垃圾桶内，并自觉把桌椅复归到原位。借出阅读的图书读完后要及时归还。

图 5-3　逐册取阅

（四）爱护书籍

看书前，最好先洗手，以保持书的整洁。看书时，不要在书上圈点、批注、折角或做各种标记，更不能把自己认为有用的资料、图片撕下来。如果确实需要某种资料的话，可征得图书馆工作人员同意后，到指定处复印。

二、食堂礼仪

学校食堂是师生共同就餐的场所，就餐人数多，就餐时间集中，工作人员往往比较繁忙，因此大学生更应注意就餐礼仪。

（一）遵守秩序，排队购买

用餐者应按规定时间到食堂就餐。进入食堂就餐时应仪表端庄、仪态大方、遵守秩序、互相礼让，不要冲、跑、挤。自觉地按先后次序排队购买饭菜（见图 5-4），不要硬挤或插队，更不要打闹、起哄或出现其他不文明行为。礼让那些因特殊原因而需要优先买饭菜的学生。工作人员繁忙时应耐心等待，不要敲柜台、餐具，或挥舞手臂、叫喊不停。买完饭后应礼貌地说声“谢谢”。

图 5-4　排队买饭

（二）端稳托盘，注意礼让

用餐者端着托盘到餐桌上用餐时应双手端托盘，双臂微屈，将托盘平托于胸前，略低于胸部。行走时，头应正，肩应平，上身挺直，两眼平视前方，脚步平稳，确保饭菜不洒落、汤水不外溢；通过过道时应尽可能在右侧行走，并注意礼让他人，以免与他人发生碰撞，甚至造成烫伤意外。若不小心将汤汁溅到他人身上，则应及时、真诚地向对方道歉。将托盘放到餐桌上时应确保动作轻而稳。

（三）量腹而食，讲究卫生

就餐时应量腹而食，选购适量的饭菜。随便剩饭、剩菜将造成资源浪费，并意味着对食堂工作人员劳动成果的不尊重。进餐时，不要把饭菜洒落到桌面上，也不要随地乱吐骨、刺及无法吞咽的其他东西。用餐完毕，应将自己桌面上的垃圾收拾起来倒进指定的泔水桶里，而不要倒入洗手池里。

使用公用的消毒餐具时，应在用完餐后自觉地将餐具送至指定的回收处，确保餐桌整洁、无异物（见图5-5）。不得私自带走餐具，也不要将其遗留在餐桌上，以免影响他人用餐。

图5-5　整洁的餐桌

（四）文明用餐，举止文雅

用餐者找座位就餐时应注意礼让，不要抢座、占座。就餐时应注意举止文明、吃相文雅，具体而言应做到以下几点：

（1）动作文雅。用餐时应确保动作文雅。夹菜时，胳膊不要碰到邻座的就餐者；不要把盘里的菜拨到桌上，不要把汤洒落到桌上，更不要击碗敲筷、高谈阔论、唱歌助兴等。

（2）咀嚼文雅。吃东西时应闭嘴咀嚼、小口吞咽，尽量不要发出响声。切忌将过量的食物塞入口中，把两腮胀得鼓鼓的。

（3）喝汤文雅。喝汤时应小口吞咽，并避免发出声响。如果汤太烫，则应待其稍凉后再享用，而不要用勺子搅拌或用嘴对着汤吹气，否则既不礼貌也不文雅。

（4）吐刺文雅。在用餐过程中，吃鱼时需要吐刺，应使用筷子将刺从口中取出，放在桌面上或专用的容器里，而不能将嘴对着桌子直接吐出。

礼仪互动吧

在食堂就餐过程中，常见的不文明行为有哪些？请和周围的同学展开讨论。

（五）礼貌反馈，合理建议

就餐时，若发现饭菜里有异物或存在质量问题，可礼貌地向食堂管理人员反馈，以帮助食堂改进工作，提高服务质量。注意不要当着食堂工作人员的面抱怨饭菜质量不好，更不要大发脾气或吵闹不休。如果反馈问题时粗暴无礼，则不但不利于解决问题，反而还会激化矛盾，妨碍问题的顺利解决。必要时可以向食堂管理人员提出合理、可行的建议。

科技之光

饭菜按重量计价提升光盘率

红烧鸡腿套餐小份饭、鱼香肉丝套餐小份饭、雪菜黄鱼套餐小份饭……9月开学以来，浙江大学后勤集团在外卖选餐方面有了新变化，在微信订餐端增加了"小份饭"选择，方便师生按需购买。"以前盒饭都是二两，对我们胃口小的女生来说，心有余而力不足。现在的小份饭，刚好适合我的饭量。"经常在微信端订餐的一位大二女同学说。

为推进"节约型食堂"建设，浙江大学后勤集团与浙江校联信息技术有限公司合作，于2018年率先在玉泉校区二食堂推出集人脸识别、自动称重计价、无感支付和营养分析等于一体的食堂管理系统，通过技术应用创新食堂业态，提升消费体验，传递"节约""光盘"等理念。

这套智慧系统能精准记录用餐者食物的卡路里，师生们取餐完毕后，手机上马上就会收到关于本餐的蛋白质、碳水化合物、脂肪的比例分析，提醒用餐者摄入平衡。"每取一个菜还会实时显示取菜重量与价格，这样的方法能帮助我们合理控制消费支出。"一位正在用餐的老师说。

两年来的实践表明，推广这种新模式，就餐者的光盘率明显提升，剩余量明显下降，餐厨垃圾可减少一半以上。

三、大会或典礼礼仪

学校会定期或不定期的举办一些活动，如表彰大会、开学典礼、毕业典礼、校庆典礼等。由于参加的人数众多，又是正规场合，因此参与人员一定要遵守会场或典礼现场的礼仪规范，维持良好的秩序。

（一）准时到场

参加大会或典礼的学生应衣着整洁、仪表大方，提前几分钟有序入场，不要拖拖拉拉。入场时不要勾肩搭背、大声谈笑、东张西望或寻人打招呼。入场后应在指定位置入座或列队。若事先没有指定座位，则应听从集会组织者的安排，迅速就座。

（二）举止文明

大会或典礼期间，不要随意进出或随意走动，不要交头接耳、喧哗打闹、看报纸杂志、吃零食、打瞌睡、接听电话等，而应服从统一指挥，遵守会场纪律（见图5-6），保持会场肃静，认真聆听。当发言人走上讲台或者讲到精彩之处时，应鼓掌致谢，切忌喝倒彩、吹口哨等；在发言结束时，则应给予长时间的掌声，以示谢意。若无特殊原因，则不要提前离场。

图 5-6　遵守会场纪律

（三）礼貌退场

大会或典礼结束时应安静有序地退场。挪动座椅时动作要轻，不要发出刺耳的声音。多人同时退场时应遵循礼让原则，不打闹，不推搡，不占道，不抢道。此时最能体现每个学生的礼仪素养。

礼仪知识窗

入泮礼

中国有句古话叫作“入泮宫，出府学，上青云路”。其中，“入泮宫”是古代学生的入学大礼。在古代科举考试中，在州县考试中考中秀才的学生入学时都要举办入泮礼。

在古代，“泮”就是指学校。春秋前期，鲁僖公为了兴学养士，在鲁国都城泮水岸边修筑了规模宏大的泮宫。这是周代诸侯国中最早的学宫，相传孔子常带弟子游泮。之后，各诸侯国争相仿效，也在国内修筑泮宫，开凿泮池（见图 5-7）。从此，“泮宫”就成了诸侯国大学的代名词。

图 5-7　泮池

古人的“入泮礼”是一个相当庄重的仪式，绝对不能有任何的马虎。“入泮礼”的大致流程如下。

一、“正衣冠”

古人云：“先正衣冠，后明事理。”在“正衣冠”这个环节中，学生有序站立，教书先生依次为其整理衣冠。《礼记》载曰：“礼义之始，在于正容体，齐颜色，顺辞令。”看来，先正衣冠、再做学问是古人的共识。

二、行拜师礼

入学的学生先拜孔子，再拜先生（见图 5-8）。拜先生时，学生向先生赠送“束脩六礼”，即学生入学拜师时送给先生的六种礼品，具体包括芹菜、莲子、红豆、红枣、桂圆和干瘦肉条，如图 5-9 所示。芹菜，寓意为勤奋好学；莲子，寓意为苦心教学；红豆，寓意为鸿运高照、宏图大展；红枣，寓意为早日高中；桂圆，寓意为启窍生智、功德圆满；干瘦肉条，用于表达感谢师恩的心意。之后，学生之间互相鞠躬，表示互爱互帮。

图 5-8　行拜师礼

图 5-9　束脩六礼

三、净手净心

行拜师礼之后，学生要按先生的要求将手放到水盆中“净手”。“净手”即洗手，做法是将手心手背各洗一次（见图 5-10），然后擦干。洗手的寓意在于净手净心，去杂存精，希望学生在日后的学习中专心致志、心无旁骛。

图 5-10　净手

四、朱砂开智

朱砂开智也称“朱砂启智”或“朱砂点痣”，是开学仪式中最后一道程序。具体做法是先生手持蘸着朱砂的毛笔，在学生眉心处点上一个像痣一样的红点（见图 5-11）。因为“痣”与“智”谐音，所以“朱砂点痣”中的“痣”取的其实是“智”的意思。朱砂开智的寓意为开启智慧，希望学生目明心亮，在日后的学习能一点就通。

图 5-11　朱砂开智

此外，学生还须填写“亲供”，写下自己的年龄、籍贯等，相当于填写新生入学登记表。由于当时没有照片，所以学生还必须在“亲供”中注明“身中（即身高），面白，或有须，或无须”，再由老师统一整理后送往各个学院。

知礼善用

以我之“礼”，共建文明校园

任务描述

校园是我们每天生活的地方，也是培育我们成才的地方。为使校园变得更加美丽、和谐，学校向全体学生发出共建文明校园的号召，鼓励学生以各种形式参与到文明校园的建设中。

请同学们以小组为单位，通过拍摄宣传片的形式，参与到文明校园的建设中。

任务分组

全班学生以 5～8 人为一组进行分组，各组选出组长并进行任务分工，将小组成员即分工情况填入表 5-1。

表 5-1　小组成员及分工情况

班级		组号		指导教师	
小组成员	姓名	学号	任务分工		
组长					
组员					

任务准备

回忆所学知识，熟悉与教师交往、与同学交往时应遵守的礼仪规范，以及在校园公共场所应遵守的礼仪规范；学习宣传片拍摄的相关知识。

任务实施

积极参与宣传片拍摄活动，并将具体实施情况记录在表 5-2 中。

表 5-2　实施情况记录表

时间安排	实施步骤
	1．小组讨论，确定拍摄主题
	2．进行剧本创作
	3．进行角色分工
	4．正式拍摄
	5．进行视频剪辑
	6．将宣传片上传学校网站或论坛

评价反馈

各组配合指导教师完成如表 5-3 所示的考核评价表。

表 5-3　考核评价表

项目名称	评价内容	分值	评价分数		
			自评	互评	师评
知识、技能考核（60%）	熟知与教师交往、与同学交往及在校园公共场所活动时应遵守的礼仪规范，并能够在宣传片中起正确的引导作用	30			
	熟悉宣传片的拍摄技巧，能够拍摄出清晰、流畅的宣传片	15			
	熟悉视频剪辑的技巧，能够通过剪辑使宣传片更具表现力	15			
综合素质考核（40%）	积极实施任务	10			
	具备良好的团队合作意识	10			
	具有创新精神，能够创作出出其不意的剧情	10			
	认真细致，考虑问题全面	10			
合计		100			
总评	自评（20%）+互评（20%）+师评（60%）=	教师（签名）：			

青春风采

拐杖兄弟：七年同窗路，挽手上大学

在武昌工学院校园内，经常可以看见两名男生挽手走在校园内，个子小的那名走路有些蹒跚，步履缓慢。他们就是武昌工学院信息工程学院计算机科学与技术 2002 专升本班的学生——张俊杰和张越寒。人们不知道的是，他们的手一挽就是 7 年。

张俊杰和张越寒都来自湖北省孝感市应城市。2014 年，他们相识于应城市第一高级中学，张俊杰患有脊椎炎，腿脚不便，敏感内向，张越寒性格温和，总是笑容满面。

两人因为都喜欢打乒乓球而相熟。高中时一个雨夜，张俊杰下晚自习回家路上摔伤了，张越寒发现后主动要求骑自行车接送他上下学，这一送就是 3 年。

高考时，因为害怕独自面对陌生的环境，张俊杰一度想放弃上大学，张越寒得知后，劝他不要放弃，并和他约定报考同一所大学。如愿进入大学后，作为同班同学和室友，张越寒又当起了张俊杰的“拐杖”。

“到了大学，我们又幸运地成了室友，平时都是越寒陪我一起上下课。为了避免迟到，我们都会提前半个小时到教室预习功课。有时候我走得慢，他就会扶一把，大家看了就称我们为‘拐杖兄弟’。”张俊杰说。

“专升本”考试当天，两人从住的小旅馆走到学校，张俊杰腿疼难耐，几乎无法继续行走，歇了一会儿后，张越寒问：“杰哥可以走了吗？”张俊杰沮丧地摇了摇头。张越寒二话不说，背起张俊杰就走，把他送到考场后，又赶往自己的考场参加考试。考试结束后，张越寒又从考场接出张俊杰，

把他扶到篮球场上休息，自己到食堂买来两份饭菜。“我俩升本成功，张越寒也像他说的那样，继续扶着我上学。”

“杰哥帮我也蛮多的，他专业能力强，在专业上我经常向他请教。”张越寒说，平时敲代码有不懂的地方，自己就会找张俊杰帮忙，张俊杰都会耐心讲解，从不厌烦。“平时我们是好兄弟，上实验课时，我们经常一起组队完成任务。”

“身体缺陷难以改变，但我要学着接纳自己，用自信代替自卑，用知识改变命运！”张俊杰说，平时他会多花时间去钻研专业课的知识，提升自己的专业水平，“别人不能做到的，我努力去尝试；别人能做到的，我努力做到更好。我和越寒还商量好毕业后要一起留汉就业。”

项目六

畅吃有法，优雅从容赴宴——宴请礼仪

项目导读

在社会交往中，宴请是一种常见的交际活动，它可以加强交往双方之间的沟通，增进双方之间的感情。在宴请中，人们通常通过一定的礼仪规范来表达对他人的尊重，所以，无论是宴请活动的组织者还是参与者，都应该对宴请礼仪有所了解，以便给交往对象留下良好的印象。本项目主要介绍了宴请礼仪，具体包括宴请的基本礼仪、中式宴请礼仪、西式宴请礼仪和自助餐会礼仪。

学习清单

完成一项学习任务后，请在对应的方框中打钩。

课前预习	□	1. 准备学习用品，预习课本知识
	□	2. 通过网络了解宴请礼仪的相关知识，以及就餐时的一些风俗习惯
	□	3. 回想自己之前参加宴会时有没有不文明的行为
课中学习	□	1. 熟悉宴请准备礼仪、进行时礼仪与赴宴礼仪
	□	2. 掌握中式宴请的桌次、座次礼仪，中餐的餐具使用和就餐礼仪
	□	3. 熟悉西式宴请的座次礼仪，掌握西餐的餐具摆放、使用礼仪和就餐礼仪
	□	4. 熟悉安排自助餐会的礼仪，掌握享用自助餐的礼仪
实践练习	□	1. 积极、认真地参与实践活动
	□	2. 剧本情节合理，具有可实施性
	□	3. 能够根据所学知识合理设置聚会的桌次、座次
	□	4. 能够根据所学知识进行面部修饰，并为自己搭配适合参加聚会的服饰
	□	5. 在情景模拟中，能够正确使用餐具，做到文明就餐

礼行天下

西餐的学问

张明是某贸易公司的业务经理。一次，他代表公司出席一家公司的周年庆典。庆典活动结束后，这家公司的总经理邀请几位重要宾客吃西餐。

用餐前，张明为了显示自己在餐饮方面很讲究，就用餐盘上那块“很精致的布”仔细地擦了擦自己的刀叉。总经理看到这一幕后，先是一愣，随后马上叫来服务员，让其立即为张明更换一套餐具。在使用更换的餐具前，张明又拿起那块“很精致的布”将刀叉擦了一遍，并迅速使用刀叉切割起盘里的菜肴来。总经理没再说什么，但显露出不悦的神情，而张明并没注意到这一点。

在用刀叉切割菜肴时，张明总是使刀叉和餐盘碰出声响，显得费劲又辛苦。用餐结束后，张明感觉很酣畅，觉得总算没给公司丢脸，便用那块“很精致的布”擦了擦脸上的汗，并随手将其挂在椅背上。事后经人提醒，张明才意识到当天在西餐桌上出了丑，顿时感到无地自容。

问题

张明在西餐桌上有哪些失礼的行为？

知礼明礼

任务一 熟悉宴请的基本礼仪

宴请是为了表示欢迎、答谢、庆贺等举行的一种正式的餐饮活动，是人际交往中常见的聚会形式之一，是增进友谊和融洽气氛的重要手段。

一、宴请准备礼仪

宴请是一种重要的社交活动，作为主人的一方应在宴请前做好以下准备工作。

（一）确定宴请目的

在宴请他人之前，首先应确定宴请目的。宴请的目的可以是欢迎、欢送、答谢某个人或单位，也可以是庆祝、纪念某个节日或活动。

（二）确定宴请的对象

根据宴请目的，事先确定宴请哪些人、宴请多少人，以及被宴请人的姓名、国籍、职务、称呼、习惯、爱好等，并列出详细的宴请清单，以便确定宴请的规格、形式及主陪人等。

（三）确定宴请的形式

根据宴请目的和对象，确定宴请的举办形式。一般来说，设宴目的隆重、宴请范围广泛，应以正式的、高规格的宴会形式为主；日常交往、友好联谊、人数较多的，以冷餐会形式或酒会形式为主；群众性节日活动，以茶会形式居多。

（四）确定宴请的时间

根据主客双方的具体情况确定宴请的时间。宴请的时间应避开重大节假日和双方的禁忌日，且便于主客双方的出席。

（五）确定宴请的地点

根据宴请规格和形式事先确定宴请的地点。一般而言，宴请的地点应交通便利、环境幽雅、服务周全，宴请的场所应能容纳出席宴会的全体人员。

（六）确定菜谱

根据宴请的形式，以及被宴请宾客的年龄、性别、风俗习惯、健康状况、喜好和禁忌等确定宴请的菜谱。菜谱中的菜肴应赏心悦目、富有特色并搭配合理。

（七）邀请宾客

一切具体工作都准备就绪之后，便可向宾客发出邀请。邀请的方式分为口头邀请（如口头告知或电话邀请）和书面邀请。通常，邀请宾客出席宴会应采取书面邀请方式，其具体形式为发送请柬。

请柬的内容应包括邀请人的姓名或单位名称，被邀请人的姓名及称呼，宴请的形式、地点、时间，以及出席宴请的着装要求或提示等，必要时还应注明被邀请人的座次号。

请柬应提前 1～2 周，甚至 1 个月发出，特别重要的客人必须委派专人送达。请柬发出后，还应及时落实出席情况，以便安排或调整座位。

二、宴请进行时的礼仪

宴请进行时的礼仪分为迎接宾客、引领入席、准时开宴、致辞发言、席间用餐和席毕送客。

（一）迎接宾客

宴会开始前，主人应站在宴会大厅门口恭候宾客，其他陪同人员则应到门外列队迎宾。客人到达后，主人应迎上前去热情握手，相互问候，对来宾表示欢迎，不要疏忽冷落了任何一位客人。

（二）引领入席

宾客到达后，主人应引导宾客按一定顺序入席。通常，应先引导主宾、女宾入席，再引导其他宾客入席。

（三）准时开宴

按约定的时间准时开宴，是宴请礼仪的基本要求。主人不能因为个别客人未到场，就将开席时间推迟很久。如果主宾因特殊原因，不能及时赶到，主人应尽快联系，采取相应的办法调整，并向已入座的客人说明情况，表示歉意。推迟开席的时间宜控制在10～15分钟以内，最迟不应超过30分钟。

（四）致辞发言

一般情况下，主人应在宴会开席前致辞，并邀主要宾客讲话。致辞或讲话期间，其他人员应保持安静，认真聆听。

（五）席间用餐

主人应努力使宴会气氛融洽，要不时地找话题与客人进行交谈，还要注意主宾用餐时的喜好，掌握用餐的速度。

（六）席毕送客

宴会结束后，主宾告辞，主人送至门口、热情话别，并与其他客人一一握手话别，表示欢送之意。

三、赴宴礼仪

参加宴会的人员在赴宴过程中应注意以下礼仪规范，以体现出良好的气质风度和高深的礼仪修养。

（一）及时回复

接到邀请后，应尽快明确地表明自己是否出席，以便主人掌握出席人数。接受邀请后，不要随意变动，确有意外不能前往时，要提前解释，并深致歉意。主宾如果不能如期赴宴，最好亲自登门致歉。

（二）注重仪表

出席比较正式的宴会应提前适度修饰自己的仪表。男士要修整须发，女士要美容化妆。无论男女，都要穿着既符合自己在宴请场合的身份又突出自身气质的衣服。

（三）准时赴宴

赴宴者应按宴请的时间、地点及其他要求准时出席。既不要迟到，又不要过早抵达。到场太早，主人尚未做好接待准备，容易给主人添麻烦；过迟，则会使宴会受到影响，不仅会给主人带来不便，还会使其他宾客感到不悦。

（四）按位落座

在宴会厅，要按服务人员的指引和主人的安排就座，注意自己的姿态，既不过于拘谨，也不散漫随便。同桌如有长者和女士，应主动帮扶他们。

（五）文雅进餐

取菜时，遇到自己爱吃的，不要盛得过多；不喜欢的，也不要一点不吃。正式宴会上，表示厌恶某种食物或某一道菜是不礼貌的。吃东西要文雅，要闭嘴咀嚼，不要出声，咀嚼时不要张嘴说话。喝汤时要避免发出“呼噜”的声音。

（六）宴后致谢

宴会未结束而自己已吃好，一般不可中途离席。等主人示意宴会结束，起身离席后，客人才可依次离席。离开前应向主人道谢，如“谢谢您的款待”“您真是太好客了”“菜肴丰盛极了”，并向其他客人告别，再握手告辞。如果有事要提前离席，则应向主人及同席的客人致歉。

任务二 掌握中式宴请礼仪

在我国，具有传统风格的中式宴会是最常见的宴请形式。因此，我们必须掌握相应的中餐礼仪知识，主要包括中式宴请的桌次和座次礼仪、中餐餐具的使用礼仪和就餐礼仪等。

一、中式宴请的桌次和座次礼仪

在中式宴请中，桌次和座次的排列顺序体现着主人给予宾客的礼遇规格，二者都是宴请礼仪的重要内容。

（一）桌次礼仪

中式宴会一般采用圆桌，视用餐人数的多少设一桌或多桌。在正式的中式宴会中，桌次排列应遵循以下原则：

（1）居中为上。多张餐桌环绕摆放时，居于正中间的餐桌为主桌。

（2）以右为尊。多张餐桌横向并列摆放时，以面向宴会厅正门的视角为基准，右侧的餐桌位尊于左侧的餐桌位。

（3）远门为上。多张餐桌纵向排列时，以距离宴会厅正门的远近为基准，距离正门远者为尊位。

（4）临台为上。若宴会厅内有主席台，则紧挨着主席台的餐桌为主桌。

对于仅有两桌宾客的小型宴会，可根据场地横向或纵向排列餐桌，如图 6-1 所示。对于有多桌宾客的宴会，可采用多种方式排列餐桌，如图 6-2 所示。

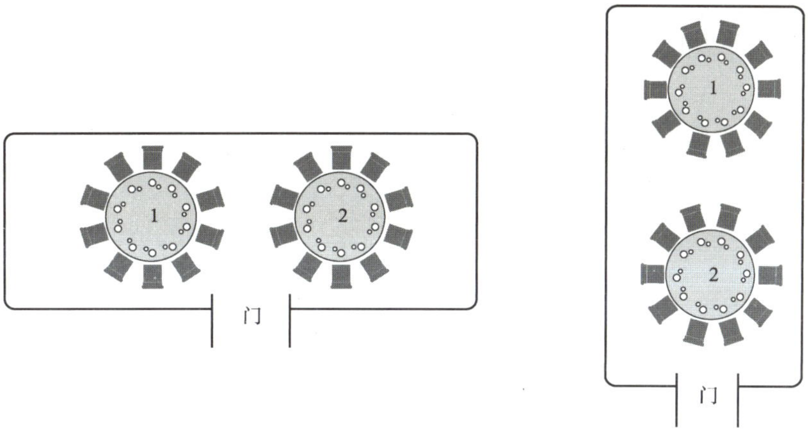

注：1 表示主桌。

图 6-1 两桌排列方式

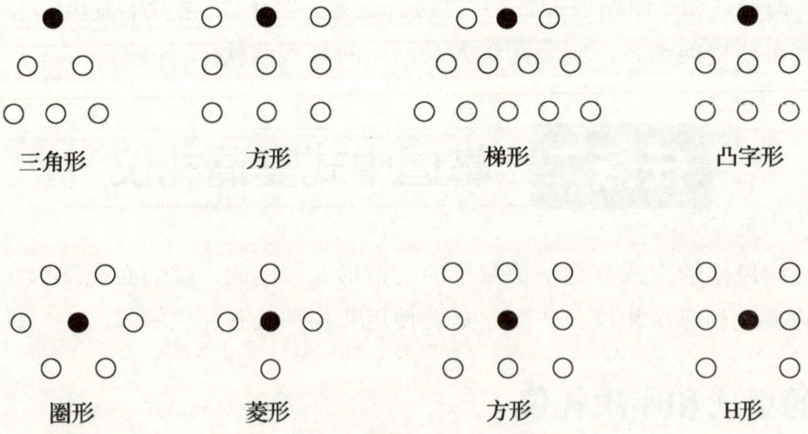

注：●表示主桌。

图 6-2　多桌排列方式

（二）座次礼仪

扫一扫

中式宴请座次礼仪

在中式宴会中，座次的排列一般遵循以下原则：

（1）面门为尊。即在每张餐桌上，以面对宴会厅正门的座位为尊位。

（2）右尊左卑。即在每张餐桌上，以面向宴会厅正门的视角或该桌主人座位的朝向为基准，右侧的座位尊于左侧的座位。

（3）近尊远卑。即在每张餐桌上，距离该桌主人较近的座位尊于较远的座位。

每桌只有一个主位时座次排列如图 6-3 所示。每桌有两个主位时座次排列如图 6-4 所示。

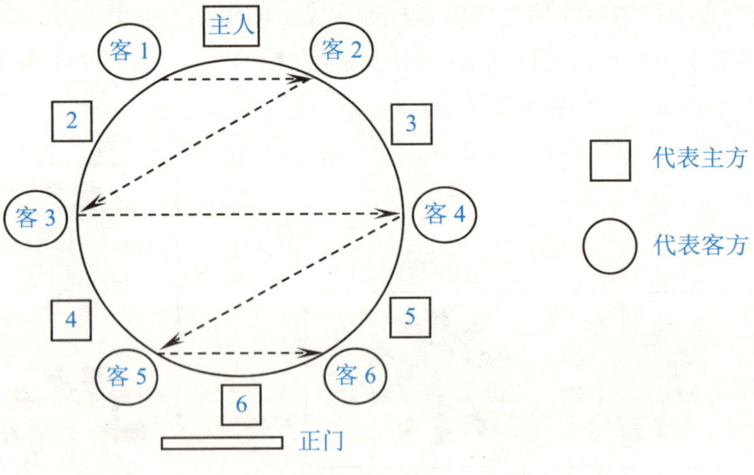

图 6-3　单主位餐桌的座次排列

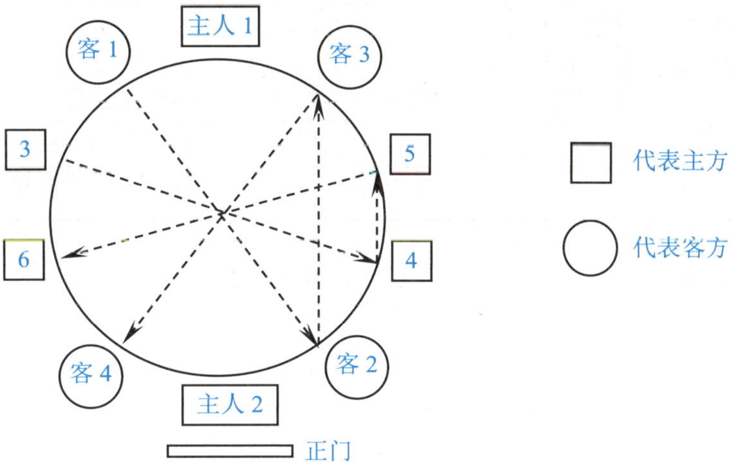

图 6-4　双主位餐桌的座次排列

二、中餐餐具的使用礼仪

中餐餐具（见图 6-5）主要有筷子、勺子、碗、碟、杯子和辅助餐具（如湿巾、公筷、公勺等），用餐者在使用这些餐具时应当遵循以下基本礼仪。

（一）筷子的使用

筷子的正确使用方法如图 6-6 所示。

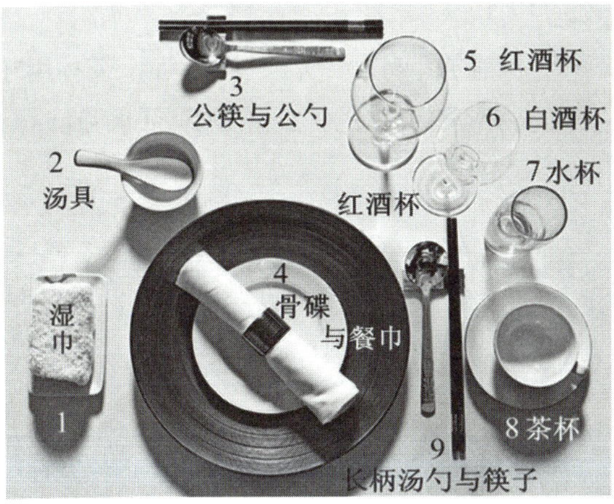

图 6-5　中餐餐具

图 6-6　筷子的正确使用方法

（1）用餐时一定要将筷子的两端对齐，切忌出现一长一短的情况。

（2）夹菜时，应确保筷子上无残留食物，不能舔食筷子上的残留食物或把筷子含在嘴里；不能举着筷子在菜盘上探寻，也不能用筷子在菜盘里翻找、挑拣或一次性夹过多的菜；夹菜时不能让菜汁一路滴落。

（3）在用餐过程中与他人交谈时应将筷子合拢，纵向搁在碟子或者碗上，而不能举着筷子在餐桌上挥舞。

（4）不能把筷子插在米饭中，否则有祭奠或上香之嫌。

（5）不能用筷子敲打碗、盘或茶杯等。

（6）用餐完毕，应将筷子放置在筷架上。

（二）勺子的使用

（1）用勺子取食时，不可盛得过满，以免菜肴或汤汁溢出来弄脏餐桌或衣服；舀取食物后应在原处停留片刻，待菜汁不再往下流时再取回来享用。

（2）若取用的食物过烫，则应先将食物放到碗里，待其稍凉后再吃，而不能用勺子在食物中舀来荡去，也不能对着食物吹气。

（3）使用勺子时，将食物送至唇边即可，不要将勺子和食物全部塞入口中，或者反复吮吸、舔食勺子。

（4）暂时不用勺子时，应将其放在自己的碟子上，而不可将其放在餐桌上或插在食物中。

（三）碗、碟的使用

碗主要用于盛放食物，碟主要用于暂放从菜盘里取回的菜肴，两者的功能大致相同。在使用碗、碟时应注意以下礼仪规范：

（1）用餐时不要将碗举得过高；应使用筷子或勺子从碗中取食，而不能直接用手取用，更不能直接用嘴吸食或把食物往嘴里倒；不能舔食碗内的剩余食物。

（2）不要一次性取过多的食物并将其堆放在碟子里，否则，不同的食物容易串味，且这种做法有失礼节。

（3）不要将残渣、骨、刺等吐在地上或桌上，而应使用筷子将其夹至碟子前端；如果碟子满了，可示意服务员更换一个。

（四）杯子的使用

杯子有酒杯、水杯和茶杯之分，酒杯用于盛酒，水杯用于盛放清水、果汁、可乐等，茶杯用于盛装茶水，三者应分开使用。需要注意的是，不要倒扣杯子，不能将喝入口中的酒、饮料或茶水吐回杯中。

（五）湿巾的使用

湿巾用于餐前擦手，擦完后应放回湿巾碟，由服务员收走。有时，在用餐结束前，服务员会再端上一块湿巾，这块湿巾只能用来擦嘴，而不能用来擦脸或擦汗。

（六）水盂的使用

水盂通常为铜盆、大瓷碗或水晶玻璃缸，用于盛放清水，并放有玫瑰花瓣或柠檬片，供用餐者在用手取食之前洗手，不要将其误当作饮料饮用。

用水盂里的水洗手时，正确而礼貌做法如下：先轮流沾湿两手的指尖，然后轻轻涮洗双手，切勿乱甩、乱抖；洗完后，将手置于餐桌之下用餐巾或湿巾擦干。

（七）牙签的使用

用餐时，尽量不要当众剔牙。非剔不可时，应用一只手掩住口部；不要当众观赏从牙缝里剔出来的东西，更不要随手乱弹；不要叼着牙签，更不要用剔过牙的牙签扎取食物。

礼仪互动吧

使用中式餐具时还应避免哪些不文明的言行？请和周围的同学展开讨论。

礼仪知识窗

中餐上菜礼仪

1. 上菜的顺序

在中式宴会中，上菜应讲究一定的顺序。一般的上菜顺序如下：

（1）冷盘。即凉菜，通常是由四种或四种以上的菜品组成的大拼盘。

（2）热炒。即现炒的菜肴，通常有四道。

（3）主菜。又称“大菜”或“大件”，通常有四道、六道或八道（须为偶数道），一般不超过十二道。这些菜肴（如全乳猪、烤羊腿等）是采用不同的食材，配以各种调味品，用各种烹调方法制作而成，是最能表现出宴席特色的菜品。

（4）汤。分为甜汤和咸汤，通常与点心相搭配：若上咸点心，则上咸汤；若上甜点心，则上甜汤。

（5）点心。宴会上一般不供应米饭，而是以糕、饼、包子、饺子等点心代替。

（6）果盘。即各种水果的拼盘，是正餐后的一道清口菜，旨在爽口、去油腻。

2. 上菜时的注意事项

（1）为多张餐桌上菜时应保证向各桌同时上菜，且第一道菜宜在开席前 5 分钟之内端上餐桌。

（2）每上一道菜都应转动转盘，将这道菜移至第一主人或第一主宾的面前。

（3）上菜和撤盘应分别从用餐者的左侧和右侧进行，但应避免在第一主人或第一主宾的身边操作。

（4）上菜节奏应根据宾客的要求和进餐速度进行灵活把握，以防菜品堆积或出现空盘、空台的现象。

三、中餐就餐礼仪

在中式宴会上就餐时，用餐者应当遵守以下礼仪规范：

（1）主人示意开宴后方能开始用餐。用餐时应保持仪态端庄，切忌宽衣解带、摇头摆脑、满脸油汗、响声大作。主人可以劝客人品尝某道菜肴，但不应该擅自为客人夹菜，否则可能会给对方带来困扰。

（2）夹菜时，应使用公筷、公勺，适量取用，且应待餐桌转盘将自己喜爱的菜肴转到自己面前后再夹菜，不要起身夹取远处的菜。多人取菜时，应注意相互礼让，依次进行。

（3）用餐时应闭嘴咀嚼、小口进食、姿态优雅，不要大口狂塞或发出声响。若要打喷嚏或咳嗽，则应马上扭头面向一侧，并用餐巾掩住口鼻。若发出不自主的声音（如打嗝、打喷嚏、肠鸣等），则应向同桌的用餐者表达歉意。

（4）用餐过程中应适时地与在场的用餐者交谈。交谈时，应注意选择愉快的话题。但应注意，正在咀嚼食物时应当避免与他人说话；他人在咀嚼食物时，应避免与之交谈。

（5）用餐期间，不要当众修饰仪容，若需要梳理头发、化妆或补妆等，则应去化妆间或洗手间进行。

四、饮酒礼仪

（一）斟酒

服务人员斟酒时，用餐者应向其道谢，但不必拿起酒杯。有时，主人为了表示敬重客人，会亲自为宾客斟酒。主人亲自斟酒时，客人应双手端起酒杯（见图6-7），必要时还应起身站立或欠身点头致意。

主人斟酒时应注意以下几点：

（1）一视同仁。对于在座的用餐者一视同仁，按照一定顺序依次为其斟酒，而不可挑拣着进行。

（2）讲究顺序。斟酒时可按照先职位高者、后职位低者或先年长者、后年少者的顺序进行，也可以自己的座位为起点按顺时针方向进行。

（3）斟酒适量（见图6-8）。对于白酒，应斟至九分满；对于啤酒，应斟至八分满；对于红葡萄酒，宜斟至酒杯的1/3；对于白葡萄酒，宜斟至酒杯的2/3；对于香槟酒，宜先斟至酒杯的1/3，待酒中泡沫消退后，再续斟至七分满。

（4）注意身份。除主人与服务人员外，其他用餐者一般不宜自行为他人斟酒。

图6-7　双手端起酒杯

图6-8　斟酒适量

（二）敬酒

敬酒也称“祝酒”，是指在正式宴会上由主人向客人提议，共同举杯饮酒的行为。举杯敬酒可使宴会现场的气氛热烈而欢快。

敬酒时，通常要讲一些祝福的话，这种话语称为“祝酒词”。在正式宴会上，主人和主宾通常会郑重地发表祝酒词。祝酒词应当精练简短，切不可太过冗长。发表祝酒词时应起身站立，右手端起酒杯，或者用右手拿起酒杯并以左手托扶杯底，面带微笑，口诵祝词，如祝对方身体健康、工作顺利、事业成功、双方合作成功等。

他人敬酒并发表祝酒词时，在场的用餐者应暂停用餐或饮酒，端正坐姿，面向敬酒者，认真听其讲祝酒词，并给予适当的回应；切勿嘲笑他人的敬酒行为或表现出不屑、反感的神情。

礼仪小贴士

敬酒时，若对方比自己年长、级别高、资历深，则应用自己的杯沿碰对方的杯身；如果与被敬酒的人距离较远，则可举杯示意后用杯底轻轻碰一下桌子，以代替碰杯。

（三）拒酒

在用餐过程中，不会饮酒或不打算饮酒的人可以婉言谢绝他人的敬酒。拒酒时可以说明自己不能饮酒的客观原因或主动以其他饮料代酒。切忌在他人为自己斟酒时又躲又藏、乱推酒瓶、倒扣酒杯，或在斟完酒后将杯中的酒偷偷倒掉或倒入他人杯中。

匠心坚守

用极致匠心成就国宴经典

“博采众长、奇思妙想、兼容并蓄、精益求精。用极致匠心诠释上海品质，用极致味道成就国宴经典。”这是上海市三八红旗手标兵评委会给王时佳的颁奖辞。作为上海豫园旅游商城（集团）股份有限公司绿波廊酒楼副总经理、技术总监，她潜心钻研点心制作，被称为上海“点心女王”。

做点心的两个“心”：馅心和用心

中学毕业后，王时佳考入了上海市商贸旅游学校烹饪专业。入校后，她想学一门手艺，考虑自己个子瘦小，上灶台做大师傅不合适，就选择了点心制作。“既然选择了，就努力学好。”王时佳刻苦钻研、勤学苦练，很快脱颖而出。1994 年，她在上海市职业学校第五届“未来建设者杯”大赛上获得了面点项目一等奖。

毕业后，成绩优异的王时佳成为上海豫园旅游商城（集团）股份有限公司绿波廊酒楼的员工。更幸运的是，她师从上海市劳动模范、面点名师陆亚明学习。在名师的指点下，她在点心制作方面不断创新，摘下了一个又一个桂冠，“世界烹饪大赛团体奖”“中华金厨奖”“全国烹饪技能竞赛面点项目个人一等奖”……

2014 年 1 月，“绿波廊王时佳中式点心工作室”成立，王时佳带领当时点心部的 12 位技师，继承中华餐饮文化的精髓，研发具有中国特色的点心，并着力培养点心新秀。

“做点心最重要的是两个‘心’，一个是馅心，还有一个是用心。”王时佳在中式点心制作方面潜心钻研 20 多年，带领团队研发出 20 多款特色点心，其中蟹粉小笼、葫芦酥被上海市餐饮行业协会认定为“上海名点”。

做点心的两个“好”：好吃和好看

坐落在豫园九曲桥畔的“绿波廊”曲径通幽、古色古香。眉毛酥、葫芦酥、枣泥酥、桂花拉糕等上海点心小巧玲珑、造型清新。多年来，王时佳和技师们努力攻克技术难关，大胆创新中式点心品种。她说：“点心的研发是团队共同努力的结果。大家在一起碰撞出灵感，有时候灵感出来了，还要研究怎么才能做出来。”

眉毛酥是“绿波廊”的经典点心。为了解决层次分明、外形又不能散的问题，王时佳带领技师们寻访前辈、反复试验，终于把眉毛酥做得“眉清目秀”。王时佳和技师们制作的拎包酥，参考了女包的造型，外形纤巧，外层酥皮层次清晰、轻脆细致，馅心是蟹肉、蟹黄、冬笋丁、葱花猪，酥松的皮与鲜美的馅在口中交融。中西结合、传统和时尚结合，很有新意。

2018 年首届进博会期间，王时佳和技师们从荷花池中获得灵感，设计出了凸显江南韵味的“荷韵套点”，把整个盘子当画布，在上面做出了“荷花摇曳、小鱼戏水”的点心。莲藕造型逼真，每段入口都有不同的味道，锦鲤鱼饺既好看又好吃，赢得了贵宾们的交口称赞。2019 年第二届进博会期间，王时佳和技师们又制作出了"绿波套点"，精湛的技艺再次赢得广泛赞誉。

"要在味道上创新，也要在视觉效果上创新，努力做出又精致又好吃的点心。"多年来，王时佳把智慧和坚韧揉进了一个个面团，把一道道小点心做到了极致，为"绿波廊"、为上海赢得了赞誉。

任务三 掌握西式宴请礼仪

在社交活动中，为了照顾外国客人的饮食习惯，有时也用西餐来招待客人。因此，我们有必要学习相应的西餐礼仪知识，具体包括西式宴请的座次礼仪、西餐餐具的使用和摆放礼仪及西餐就餐礼仪。

一、西式宴请的座次礼仪

西餐宴会的席位排列主要是座次问题，在排列时，通常需遵循以下原则：

（1）女士优先。在西餐礼仪里，女士处处受尊重，尤其是安排家宴时，一般女主人为第一主人，在主位就座；而男主人为第二主人，在第二主人的位置上就座。

（2）以右为尊。就某一具体位置而言，右侧之位要高于左侧之位。例如，在排列西餐席位时，应安排男主宾坐在女主人右侧，安排女主宾坐在男主人右侧。

（3）面门为上。以餐厅门作为参照物时，面对餐厅正门的位子要高于背对餐厅正门的位子。

（4）近高远低。距离主位近的位置要高于距离主位远的位置。

（5）交叉排列。排列席位时，男女应当交叉排列，熟人和生人也应当交叉排列。一个就餐者的对面和两侧往往是异性或不熟悉的人，这样可以广交朋友。

西餐的餐桌一般是用长桌或方桌。长桌的座次排列如图6-9所示；方桌的座次排列如图6-10所示。

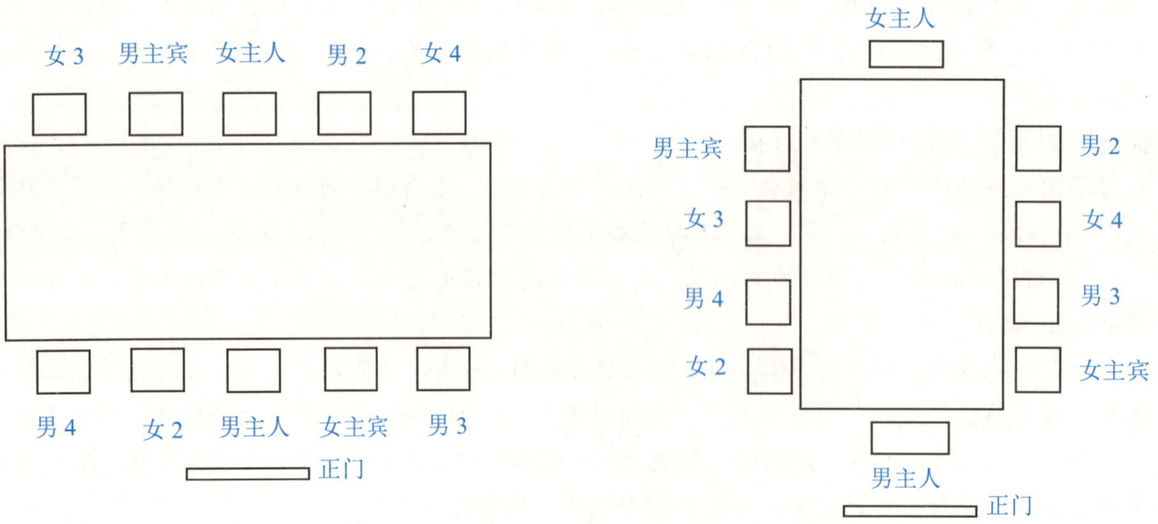

图6-9 长桌的座次排列

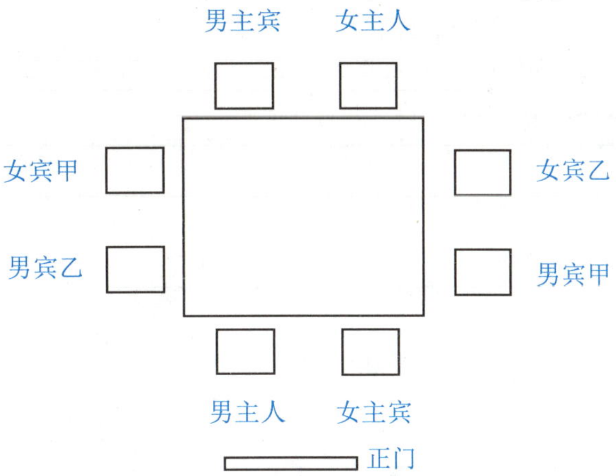

图 6-10　方桌的座次排列

二、西餐餐具的摆放和使用礼仪

西餐餐具一般包括刀、叉、匙、盘、杯和餐巾。其中，刀分为肉刀、鱼刀、沙拉刀、黄油刀等，叉分为肉叉、鱼叉、甜点叉、沙拉叉等，匙分为汤匙、甜品匙等，盘分为垫盘（用于切割或盛放食物的盘）和甜点盘，杯分为红葡萄酒杯、白葡萄酒杯和水杯。

（一）西餐餐具的摆放礼仪

西餐餐具的种类和数量较多，餐具的摆放也十分讲究。通常，餐具应按如下规则摆放：

垫盘放在餐位的正中间；叠好的餐巾放在垫盘上；垫盘的左侧纵向放叉，叉齿向上，右侧纵向放刀和汤匙，刀刃朝向垫盘，匙心向上；叉的左侧纵向放甜点盘和黄油刀，刀刃朝向垫盘；垫盘的正前方横向摆放甜品匙和甜点叉，匙柄朝右，叉柄朝左；垫盘的右前方斜向摆放 3 只杯子，从右到左依次为白葡萄酒杯、红葡萄酒杯和水杯，有时也可为香槟酒杯、葡萄酒杯和水杯。

整套西餐餐具的摆放位置及顺序如图 6-11 所示。

图 6-11　整套西餐餐具的摆放位置及顺序

（二）西餐餐具的使用礼仪

1. 刀叉的使用

（1）使用顺序。使用刀叉时，应从外侧向内侧取用。

（2）刀叉持法。左手持叉，右手持刀。左手捏住叉柄，伸直食指，按住餐叉的背部。餐刀的持法与餐叉基本相同，此外应注意用拇指与中指紧紧地捏住刀柄与刀刃的接合处，如图 6-12 所示。

扫一扫

西餐刀叉的使用方法

图 6-12　持刀叉的基本姿势

（3）刀叉用法。用餐时，先用餐叉将食物按住，然后用餐刀将食物切成小块，再用餐叉将小块食物送入口中。切割食物时，要双肘下沉，不要弄出声响。

（4）刀叉信息。刀叉除了可以切割、取食外，还可以传递“用餐中”或“用餐完毕”等信息（见图 6-13）：将刀叉放在盘子中间或者边沿，摆成“八”字形，叉齿向上，刀刃朝内，表示“用餐中”；将刀叉并齐，平行放在盘中，刀柄和叉柄均向右侧倾斜，则表示“用餐完毕”。

（a）刀叉以“八”字形摆放　　（b）刀叉并齐摆放

图 6-13　刀叉信息

2. 餐匙的使用

西餐中的餐匙主要指汤匙、甜品匙和咖啡匙。汤匙、甜品匙、咖啡匙分别用于饮汤、取甜品、搅拌咖啡，三者不可混用。不可用汤匙和甜品匙舀取主食或菜肴。

3. 餐巾的使用

用餐前，应将餐巾打开，沿对角线折成三角形或平行对折成长方形，平铺在双腿上，并将折口朝外，以便拿起来擦拭嘴巴，如图 6-14 所示。切勿将餐巾围在脖子上、掖在裤腰上或放在其他地方。不能用餐巾擦汗、擦脸或擦鼻涕，更不能用其擦拭餐具或餐桌。

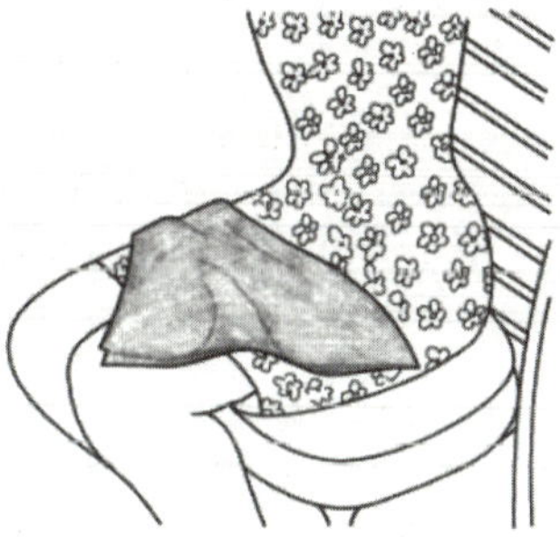

（a）

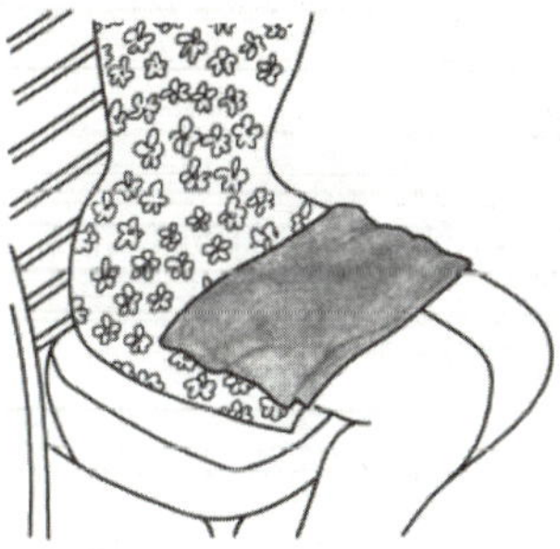

（b）

图 6-14　餐巾的折叠样式

用餐期间暂时离席时，应将餐巾放在自己的座位上，以示稍后会继续用餐，如图 6-15 所示。切忌把餐巾挂在椅背上或揉成一团放在餐桌上。用餐结束后，可将餐巾放在餐桌上，以示停止用餐，如图 6-16 所示。

图 6-15　暂时离席

图 6-16　停止用餐

4．杯子的使用

西餐中的 3 只杯子用于盛装不同的饮品，可从外侧向内侧依次使用，也可以跟随主人的选择来使用。在使用高脚的葡萄酒杯品酒时，应手持杯柱部分饮酒，而不能用手捧住杯腹，以免手温破坏酒的口感。

礼仪训练营

每两人一组，练习西餐餐具的摆放礼仪和各种西餐餐具的使用礼仪。

礼仪知识窗

西餐上餐礼仪

西餐的上餐礼仪主要是指上餐的顺序。一般情况下，西式宴会全套餐点的上餐顺序如下：开胃菜（前菜）、汤、鱼或面包（副菜）、肉（主菜）、蔬菜沙拉或奶酪、甜点和咖啡。

三、西餐就餐礼仪

在西式宴会上就餐时，应当注意就餐礼仪，具体包括餐前的交流、入座的顺序、进食的方法和用餐时的举止。

（一）餐前的交流

在进餐之前，应尽可能与周围的人相互问候、介绍和交流，以联络感情或认识新朋友，切勿沉默不语。

（二）入座的顺序

当主人邀请入座时，在场的人员应按顺序入座。一般情况下入座顺序如下：女士、职位高者、长辈先入座，男士、职位低者、晚辈后入座。当女士入座时，男士通常应走上前去将她们的坐椅稍向后搬，待其将要坐下时，再将椅子稍向前推。

（三）进食的方法

西餐菜肴和中餐菜肴的吃法有较大差异，下面简要介绍常见的西餐菜肴的吃法。

1．肉类的吃法

西餐中的肉类一般都是大块的（如羊排、牛排等）。吃肉时应使用餐叉将肉按住，再用餐刀从左侧开始将肉切成小块（见图6-17），边切边吃。切肉的时候，不宜发出声响，也不宜一次性将肉全部切成小块，以免肉汁过早流出而影响口感。

图6-17　肉的吃法

2．鱼类的吃法

吃全鱼时，先用刀叉将鱼的头、尾、鳍切除，再吃鱼肉。吃鱼肉时，应由左向右边切边吃，吃完鱼肉的上层后，用刀叉剔掉鱼骨，再吃下层，切勿翻动鱼身。

3．汤的喝法

手握汤匙柄由内向外舀汤。舀汤时将汤量控制在汤匙的七分满即可，不能舀得太满。

喝汤时，将汤匙的底部放于下唇之上，倾斜汤匙，将汤送入口中。喝汤时应以汤匙就口，而不要以口就汤匙；不要用力吸汤并发出声响，也不要舔汤匙。

盘中的汤只剩少许时，不可直接端起盘子喝汤，而应将盘子稍微倾斜，用汤匙轻轻地舀起来喝，注意不要让汤匙刮到盘底并发出声响。喝完汤后，将汤匙直接放在汤盘下的餐盘上，凹面朝上，而不要把汤匙放在桌布上。

4．面包的吃法

吃面包时，先用手撕下一小块，再送入口中，切忌直接用嘴咬面包。对于用来蘸面包的黄油或果酱等，应使用专用的黄油刀挖取并抹在撕下的面包块上，然后将面包送入口中。

5. 酒的喝法

喝酒时，应先轻轻摇动酒杯，闻一闻酒的醇香，然后倾斜酒杯小口地轻轻喝，切勿吸着喝或者一饮而尽。同时，应避免边喝边透过酒杯看人、边吃东西边喝酒，或者拿着酒杯边说话边喝酒。

若要举杯庆祝，应由主人提议，而不可由客人提议。

6. 水果的吃法

吃苹果、梨等水果时，应先用刀将其切成 4～6 片，然后去皮与核，再用餐叉取食，而不要拿起整只水果咬着吃。吃香蕉时应先将其剥皮并放在盘中，然后用餐刀切成片，再用餐叉取食，而不要拿着整根香蕉咬着吃。

7. 咖啡的喝法

喝咖啡时，应先往咖啡杯里加入少许糖和牛奶。糖有砂糖和方糖之分。加砂糖时，用咖啡匙舀取适量砂糖直接放入杯中；加方糖时应先用糖夹将方糖夹到咖啡碟上，再用咖啡匙取方糖放入杯中，如图 6-18 所示。在加入糖和牛奶之后，先用咖啡匙搅匀咖啡，然后将咖啡匙放在碟子的左边，再用食指和大拇指端起咖啡杯饮用，如图 6-19 所示。

需要注意的是，喝咖啡时，不要让咖啡匙留在杯子里，也不要用咖啡匙舀起咖啡饮用。喝完咖啡后应将咖啡匙放在咖啡碟里。

图 6-18　加方糖

图 6-19　端咖啡

（四）用餐时的举止

吃西餐时，应坐姿端正，不可伸腿或跷起二郎腿，也不可将胳膊肘放到餐桌上，更不可频频晃动身体，如图 6-20 所示。用餐时，不能把刀叉伸进嘴里，也不能拿着刀叉挥舞或做手势。在用餐的过程中，可以与周围的人相互交谈，但不可大声喧哗，也不可抽烟。

正确坐姿　　错误坐姿

图 6-20　吃西餐的举止

任务四 掌握自助餐会礼仪

自助餐会又称冷餐会，是指不预备正餐，而只准备些冷食和适量的热菜，由就餐者在既定的范围内自己动手选用菜肴，然后或坐或立，自由用餐的非正式宴会。自助餐会礼仪是指安排或享用自助餐的过程中所需遵守的礼仪规范。

一、安排自助餐会的礼仪

安排自助餐会的礼仪是指主办方在筹办自助餐会时的礼仪规范。筹办自助餐会一般包括安排就餐时间、安排就餐地点、准备食物和招待客人4个方面。

（一）安排就餐时间

按照惯例，自助餐会通常被安排在各种正式的商务活动之后，作为正式商务活动的附属环节。自助餐会主办方可根据正式商务活动的时间来灵活安排自助餐会就餐时间，但通常不安排在晚间。

（二）安排就餐地点

自助餐会的就餐地点不必像正式宴会那样，只要能容下全部就餐人员，又能为就餐人员提供足够的交际空间即可。通常，自助餐会的就餐地点可选在主办方所拥有的大型餐厅、露天花园、小型广场之内，也可外租、外借类似的场地，如专营性的自助餐店、星级酒店等。

在安排就餐地点时，应注意以下3方面事项：

- **提供足够的活动空间。**自助餐会的就餐地点除了具有摆放菜肴的区域外，还应具有一块面积足够大的用餐区域，该区域应能容下所有的就餐者，且不显得拥挤或狭小。
- **提供足够的桌椅。**尽管自助餐会提倡就餐者自由走动、立而不坐，但不少就餐者仍期望在就餐期间能有一个歇脚之处。因此，就餐地点应提供一定数量的餐桌与座椅，供就餐者使用。若就餐地点在室外，则还应提供适量的遮阳伞。
- **环境宜人。**就餐地点应洁净卫生、温湿度适宜、明亮舒适，而不可散发异味、过冷或过热、空气不畅或者黑暗拥挤，否则会影响就餐者的食欲及其对自助餐会的整体评价。

（三）准备食物

一般而言，自助餐的食物应以冷食为主，品种应丰富多样。具体而言，自助餐的食物可以包括冷菜、汤、热菜、甜品、茶点、酒水、水果等多种类型。

主办方在准备自助餐食物时，应根据就餐者的喜好、习惯等具体情况在食物品种安排上有所侧重，如使食物以甜品为主、以茶点为主或者以酒水为主，并酌情安排一些时令菜肴或特色菜肴等。准备食物时，务必根据就餐者的人数提供足量的食物，保证食物干净卫生，并注意热菜、热饮的保温问题。

（四）招待客人

自助餐会正式举办时，主办方应热情周到地招待客人，具体应做到以下3个方面。

1．照顾好主宾

在自助餐会上，主人必须照顾好主宾，如为其拿取餐具或饮料、陪同其就餐、与其进行适当的交流等。但同时应注意给主宾留一些自由活动的时间，不要时刻伴随其左右。

2．充当引见者

就餐期间，主人应尽可能地为彼此不相识的客人创造一些相识的机会，并积极地为其牵线搭桥，充当引见人。

3．安排服务员

在小型的自助餐会上，主人往往可以兼任服务员。但在大型的自助餐会上，主人应当为客人安排足够数量的服务员，以便为众多就餐的客人提供便利的服务。

二、享用自助餐的礼仪

享用自助餐的礼仪，主要是指以就餐者的身份参加自助餐会时所需遵循的礼仪规范，其内容主要涉及以下几个方面。

（一）按序取食

若用餐的人较多，则必须自觉地排队取餐，切忌乱挤、乱抢或插队。取餐时，应使用公用餐具将食物盛入餐盘，而不要用自己的餐具取用或直接用手取用。取餐后应迅速离去，不要在众多食物面前犹豫不决或者在取餐时挑挑拣拣等。

取餐前应事先了解一下菜品信息（见图 6-21），然后可按照冷菜、汤、热菜、点心、甜品和水果的先后顺序有所选择地取用。

图 6-21　自助餐菜品

（二）少取多次

在自助餐会上，食物的品种繁多、数量充足，通常能够保证供应，用餐者可以自由取用自己喜爱的食物。在自助餐会上浪费食物是绝对不允许的。因此，用餐者在取用食物时应量力而行，做到每次少取，吃完再取，切忌一次性取用大量的食物。

礼仪故事屋

周女士的尴尬

周女士是某公司的业务代表。一次，她代表公司去参加一家合作公司的周年庆典活动。正式的庆典活动结束后，这家公司邀请全体来宾享用自助餐。

周女士在此之前没参加过正规的自助餐会。用餐开始后，她发现其他用餐者都表现得非常随意，便模仿别人“随意”起来。令周女士开心的是，自助餐会上的很多食物都是自己爱吃的。于是，她便毫不客气地将自己喜爱的各种食物盛了满满一盘。当时，她心想：这些食物虽然好吃，但不方便三番两次地取用，否则旁人可能会嘲笑自己没见过世面；再说，如果不多取一些，不久之后美味的食物可能就被取完了。

令周女士尴尬的是，当她端着盛满了美食的盘子从餐台边离去时，发现周围的人都用异样的眼神看着自己。

事后经打听，周女士才知道，自己当时的行为是有违自助餐礼仪的。

（三）积极交际

在自助餐会上，吃东西属于次要之事，与他人进行适当的交际才是主要任务。因此，每位用餐者都应当主动寻找交谈机会，积极地参与交际活动，不能只顾享用美食，而不与其他用餐者进行任何形式的正面接触。

在自助餐会上创造交谈机会的具体方法有如下三种：① 请求主人引见；② 毛遂自荐，自己主动加入陌生的交际圈；③ 寻找机会加入熟人的交际圈。

（四）避免外带

无论是主人亲自操办的自助餐会，还是专营店操办的自助餐会，都不允许用餐者往外带食物。作为宾客的用餐者一定要牢记“避免外带”的用餐规则，千万不要有“打包”的想法和做法，否则会贻笑大方。

（五）送回餐具

自助餐强调用餐自助，所以用餐者除了取餐自助以外，还应在用餐结束后自觉地将餐具放到指定地点，切不可任由餐具一片狼藉。

知礼善用

同学聚会，相谈甚欢别忘“礼”

任务描述

周浩已经大学毕业3年了。国庆节假期前夕，他接到班长的电话，邀请他前去参加大学同学聚会。请同学们以小组为单位，进行一次同学聚会的情景模拟活动。

任务分组

全班学生以 8～10 人为一组进行分组，各组选出组长并进行任务分工，将小组成员即分工情况填入表 6-1。

表 6-1　小组成员及分工情况

班级		组号		指导教师	
小组成员	姓名	学号	任务分工		
组长					
组员					

任务准备

回忆所学知识，熟悉电话礼仪、交谈礼仪，以及中式宴请的桌次和座次礼仪，掌握中餐餐具的使用礼仪及中餐就餐礼仪；准备圆桌和中餐餐具。

任务实施

按照小组分工开展情景模拟活动，并将具体实施情况记录在表 6-2 中。

表 6-2　实施情况记录表

时间安排	实施步骤
	1．开展小组讨论，创作情景模拟剧本 情景一　聚会邀请 （班长打电话邀请其他同学参加聚会，还可以邀请几位老师）

表 6-2（续）

时间安排	实施步骤
	情景二　礼貌入座 （到达聚会地点后礼貌入座，与老师或其他同学打招呼、交谈） 情景三　文明用餐 （正确使用筷子、勺子、碗、碟、杯子、牙签等餐具；注意取菜要谦让，使用公勺公筷）
	2．布置聚会场所 （桌次、座次安排，餐具摆放等）
	3．进行个人形象准备 （仪容修饰和服饰搭配）
	4．开展情景模拟，并通过视频记录情景模拟全过程

表 6-2（续）

时间安排	实施步骤
	5. 回看视频，了解自己在此次情景模拟中有哪些礼仪运用不到位的地方，并记录在下方
	6. 就此次情景模拟活动与小组成员进行讨论交流，分享自己的感悟与收获

评价反馈

各组配合指导教师完成如表 6-3 所示的考核评价表。

表 6-3　考核评价表

项目名称	评价内容	分值	评价分数		
			自评	互评	师评
知识、技能考核（60%）	熟知中式宴请的桌次、座次礼仪规范，能够合理安排同学聚会的桌次和座次，并正确入座	15			
	掌握仪容修饰和服饰搭配的要点，能够正确进行面部修饰，并为自己搭配适合参加聚会的服饰	15			
	掌握中餐餐具的使用礼仪及中餐就餐礼仪，能够做到正确使用餐具，文明就餐	20			
	熟悉视频的拍摄技巧，能够清楚地记录情景模拟活动过程	10			
综合素质考核（40%）	积极实施任务	10			
	具备良好的团队合作意识	10			
	情景模拟过程中言行举止大方得体	10			
	认真细致，考虑问题全面	10			
合计		100			
总评	自评（20%）+互评（20%）+师评（60%）=	教师（签名）：			

尊重习惯，以礼相待

任务描述

上海艺博公司与法国一公司经过一周的谈判，成功签署了一份合作协议。在谈判过程中，双方代表都感到十分愉快。为了庆祝这次谈判的成功，也为了尽地主之谊，艺博公司的总经理盛情邀请法国某公司的谈判代表于第二天晚上 7 时到某西餐厅出席晚宴，并将此次晚宴的准备工作交给了秘书林涵。

请同学们以小组为单位，帮助林涵秘书准备此次晚宴。同时，分角色扮演两方公司的谈判代表，出席此次晚宴。

任务分组

全班学生以 8～10 人为一组进行分组，各组选出组长并进行任务分工，将小组成员即分工情况填入表 6-4。

表 6-4　小组成员及分工情况

班级		组号		指导教师	
小组成员	姓名	学号	任务分工		
组长					
组员					

任务准备

回忆所学知识，熟悉电话礼仪、馈赠礼仪、接待礼仪，以及西式宴请的座次礼仪，掌握西餐餐具的使用礼仪及西餐就餐礼仪；准备长桌和西餐餐具。

任务实施

按照小组分工开展情景模拟活动，并将具体实施情况记录在表 6-5 中。

表 6-5　实施情况记录表

时间安排	实施步骤
	1．开展小组讨论，创作情景模拟剧本 情景一　与西餐厅沟通 （林涵秘书打电话与餐厅进行沟通，确定时间、人数）

表 6-5（续）

时间安排	实施步骤
	情景二　准备礼品 （林涵秘书为法国某公司谈判代表准备具有地方特色的礼品） 情景三　酒店接送 （林涵秘书安排车辆到酒店接法国某公司谈判代表） 情景四　餐厅迎候 （上海艺博公司总经理率参与此次谈判的员工在餐厅迎候法国某公司谈判代表）

表 6-5（续）

时间安排	实施步骤
	情景五　礼貌入座，文明用餐 （注意餐前的交流、入座的顺序，正确使用刀叉等西餐餐具）
	2．布置晚宴场所 （座次安排、餐具摆放等）
	3．进行个人形象准备 （仪容修饰和服饰搭配）
	4．开展情景模拟，并通过视频记录情景模拟全过程
	5．回看视频，了解自己在此次情景模拟中有哪些礼仪运用不到位的地方，并记录在下方
	6．就此次情景模拟活动与小组成员进行讨论交流，分享自己的感悟与收获

评价反馈

各组配合指导教师完成如表 6-6 所示的考核评价表。

表 6-6　考核评价表

项目名称	评价内容	分值	评价分数		
			自评	互评	师评
知识、技能考核（60%）	熟知西式宴请的座次礼仪规范，能够合理安排西式晚宴的座次，并按照顺序入座	15			
	掌握仪容修饰和服饰搭配的要点，能够正确进行面部修饰，并为自己搭配适合参加晚宴的服饰	15			
	掌握西餐餐具的使用礼仪及西餐就餐礼仪，能够做到正确使用餐具，文明就餐	20			
	熟悉视频的拍摄技巧，能够清楚地记录情景模拟活动过程	10			
综合素质考核（40%）	积极实施任务	10			
	具备良好的团队合作意识	10			
	情景模拟过程中举止优雅，交谈适度	10			
	认真细致，考虑问题全面	10			
合计		100			
总评	自评（20%）+互评（20%）+师评（60%）=	教师（签名）:			

拓展阅读

从道德到法律，反食品浪费是件大事

2021 年 4 月 29 日，十三届全国人大常委会第二十八次会议表决通过《中华人民共和国反食品浪费法》，防止食品浪费从此有法可依。

节约粮食，为何动用治国重器？

有人也许会疑惑，节约粮食是传统美德，属于个人道德修养范畴，为何要动用法律这一治国重器加以规定？

米粒虽小，尤见礼义廉耻；节约事微，可助兴国安邦。

随着人口规模的扩大和城镇化的推进，未来我国粮食消费将依然保持刚性增长趋势。而中科院公布的一项从2013 年至2015 年的调查结果显示，我国餐饮食物浪费量每年在1 700 万至1 800 万吨，相当于 3 000 万到 5 000 万人一年的口粮。

粮食减损降耗和防止粮食浪费，是保障国家粮食安全、推动可持续发展的必然要求。将实践中行之有效的政策措施上升为法律规定，明确各相关主体的责任，建立反食品浪费的长效机制，发挥法律的引领和规范作用……这就是反食品浪费法的最大意义。

立法规范，法律条文如何写？

防止食品浪费，既涉及食品生产流通销售，也直接关系百姓日常生活。法律条文怎么写，很有讲究。

反食品浪费法立法过程中，立法机关开展专题调研、广泛征求各方意见、充分吸纳合理建议。总的来说，就是要为全社会确立餐饮、日常食品消费的基本行为准则。

例如，针对公众反映强烈的餐饮行业突出问题，这部法律详细规定了餐饮服务经营者应当采取的防止食品浪费的措施，同时也对某些商家诱导误导超量点餐等行为作出明确处罚。

对于政府部门，法律除了规定反食品浪费工作的牵头部门和有关执法主体，还对公务活动用餐作出明确规定，要求根据实际情况，节俭安排用餐数量、形式，不得超过规定的标准。

对于普通民众个人，法律除了提出树立文明、健康、理性、绿色的消费理念，倡导合理点餐取餐，还通过奖励参与“光盘行动”的消费者、对点餐浪费收取厨余垃圾处理费等规定，让大家感到实实在在的触动。

循规于法，反食品浪费怎样落地？

反食品浪费是全社会的责任，厉行节约必然任重道远。

“居安思危，戒奢以俭。”在中华民族的精神文脉中，勤俭节约既是个人修身养性的美德，更与国家、民族的命运紧密相连。经济社会快速发展、生活水平稳步提升，勤俭节约依然是我们的“传家宝”。

法律是成文的道德，道德是内心的法律。反食品浪费已经有法可依，但更需要每个人在思想认识层面和日常生活习惯入手，以法律为遵循、以美德为指引，刹住大手大脚浪费之风，树立正确的食品消费理念。

项目七

有礼有距，完美融入团队——职场礼仪

项目导读

求职与面试是大学生走出校园后必须面对的第一个挑战，大学生要想在求职面试中立于不败之地，最终赢得用人单位的青睐，必须遵循一定的求职礼仪规范。大学生走上工作岗位后，还要遵循办公室礼仪，掌握会议礼仪与各种仪式礼仪，这样才能处理好职场中的各种人际关系，更好地开展各项工作。本项目介绍了职场礼仪规范，包括求职与面试礼仪、办公室礼仪、会议礼仪及仪式礼仪。

学习清单

完成一项学习任务后，请在对应的方框中打钩。

课前预习	□	1. 准备学习用品，预习课本知识
	□	2. 通过网络了解职场礼仪的相关知识
课中学习	□	1. 了解求职准备的相关内容，掌握面试的基本礼仪，能够在面试中做到仪表大方、举止得体
	□	2. 了解办公室环境礼仪，掌握办公室言谈礼仪和同事关系礼仪，能够在工作中正确处理同事之间的关系
	□	3. 熟知会议组织礼仪和与会者礼仪，掌握大型会议和小型会议的座次礼仪，能够按照礼仪要求参加、策划、组织各种会议
	□	4. 熟悉签字仪式、开业仪式和剪彩仪式的相关礼仪，能够按照礼仪要求参加、策划、组织签字仪式、开业仪式和剪彩仪式
实践练习	□	1. 积极、认真地参与实践活动
	□	2. 剧本情节合理，具有可实施性
	□	3. 能够根据所学知识，进行会议准备，正确布置会议现场及签字仪式现场，合理安排座次
	□	4. 在情景模拟中，仪容得体，举止大方

礼行天下

最好的“求职介绍信”

某知名企业的总经理想要招聘一名助理。经过严格的初选和面试，总经理最终挑中了一个毫无经验的青年。

副总经理对总经理的决定有些不理解，于是问道：“那个青年胜在哪里呢？他既没带一封介绍信，也没被任何人推荐，而且没有任何工作经验。”总经理回答：“的确，他没有介绍信，刚刚从大学毕业，一点经验也没有。但他身上有很多可贵的东西。他进来的时候在门口蹭掉了脚下带着的泥土，进门后又随手关上了门，这说明他做事细心。当他看到那位身体上有些残疾的面试者时，立即起身让座，这表明他心地善良，懂得体贴他人。进入办公室之后，他先摘掉帽子再回答问题，且回答我所提的问题时大方得体、干脆果断，这证明他既懂礼貌又有教养。”

总经理顿了顿，接着说：“面试之前，我在地板上扔了本书，其他面试者都从书上迈了过去，而这个青年却把它捡起来并放到了桌子上。当我和他交谈时，我发现他衣着整洁，头发梳得整整齐齐，指甲修得干干净净。在我看来，这些细节就是最好的介绍信，这些修养是一个人最重要的品牌形象。”

问题

案例中这个毫无工作经验的青年通过哪些方面的礼仪打动了总经理？在面试时，应掌握哪些礼仪规范？进入职场后，应掌握哪些方面的礼仪规范？

知礼明礼

任务一　掌握求职与面试礼仪

在竞争无处不在的现代社会，职场就是战场。作为一名求职者，要想从众多的求职者中脱颖而出，除了必须具备招聘岗位所要求的各项专业条件外，还有必要了解和掌握求职面试中的基本礼仪。

一、求职准备

“机会永远只会青睐有准备的人。”为了能得到向往已久的职位，求职者应在求职前做好相关的准备。

（一）形象准备

应聘者的外在形象是给面试官的第一印象。着装得体、仪容整洁能给人以大方、精干的好印象；反之，不修边幅、蓬头垢面则会给人以懒散、不求上进的感觉。所以，在应聘前必须做好形象方面的准备。

女士面试时，着装应简洁、大方、合体，职业套装是最合适的选择。同时，应化淡妆，以示尊重。男士面试时，最好穿着正式的西装，夏季可穿长袖衬衫，最好不要穿短袖衬衫或休闲衬衫。同时，保持头发整洁、脸部清洁，确保面部无胡茬。

（二）资料准备

1. 信息资料

求职者在求职前首先要了解招聘单位的单位性质、发展规模、主要产品或经营项目、产品信誉、工作条件及福利待遇等；其次要弄清楚招聘单位的用人需求、招聘职位信息及应聘资格等。

礼仪故事屋

你可以走了

身为某外资企业市场总监的李先生，提起8年前大学毕业的第一次面试，他记忆犹新。

当时，李先生早早地做好了充足的面试准备。无论是求职信、个人简历，还是自己的着装，都请教过很多人，可以说是很完美。而且，他事先也做了充分的心理调适，所以心态上也很放松。

面试的时候，无论是说自己的经历还是谈技术，从主考官的表情来看，对他都非常满意。40分钟的面试就要接近尾声了，突然主考官问："李先生，我看您事先做了很充分的准备，说明您对我们公司和这份工作很重视。那您知道我们公司是哪一年成立的吗？""哪一年成立的？"李先生一下子蒙了。半晌，李先生一脸尴尬地说："对不起，这一点我还没来得及进行足够的关注……"主考官手一挥："好了，李先生，你可以走了。"

2. 个人简历

简历是求职的"敲门砖"，对于求职者的重要性是不言而喻的。其格式设计虽然各不相同，但其内容一般都包括个人基本情况、个人的学历情况、个人的工作经历、应聘的职位及所希望的待遇等。

对于用人单位来说，一个招聘职位可能会吸引上百人甚至上千人投递求职简历，想要让招聘单位在众多简历中眷顾自己的简历，则需要求职者在写简历时运用一些技巧。

（1）求职简历的内容应简明扼要。招聘单位面对上千份的求职简历时，不可能对所有的简历都进行仔细阅读。对此，求职者应确保简历的内容简洁、明了，以便招聘者快速浏览。

（2）求职简历应突出个人经历。用人单位最关心的是求职者的经历，以便通过经历来了解求职者的工作经验、工作能力和发展潜力。因此，求职者在写简历的时候，应重点写学习经历和工作经历。学习经历包括主要的学校经历和培训经历，工作经历包括自己工作过的单位和所从事的主要工作。如果自己的经历比较丰富，且不便一一列出，则可以把近期的经历或重要的经历写得详细些。

（3）求职简历应突出与招聘要求有关的个人能力。招聘者关注的重点是求职者能否胜任所应聘职位的相关工作。所以，求职者应当围绕所应聘职位的招聘要求来展示自己的经历和个人能力。

3. 证件资料

求职之前应准备相关的证件资料，主要包括身份证、在校期间的成绩单、英语和计算机等级证书、职业资格证书、学历证书、各种荣誉证书等。

二、面试礼仪

（一）面试前的礼仪

扫一扫

面试礼仪

1．提前到达

面试时应遵守时间，不能迟到，也不能过早地到达，一般提前 10～15 分钟到达面试地点最佳。

2．学会等候

到达招聘单位后，若有前台接待，则应直接说明来意，经指引到指定区域等候；若无前台接待，则可找工作人员说明来意。在询问他人或与他人交谈时，应使用“您好”“请问”“谢谢”等礼貌用语。

3．举止文明

进入面试房间时，应先敲两下门，待面试官说“请进”后方可进入。进入面试房间后应向面试官行点头礼或鞠躬礼，并向其问好，然后转过身轻轻地将房门关上。进屋后，不能随便落座，而应待面试官说“请坐”时才能入座，并且应坐在面试考官指定的座位上。

（二）面试中的礼仪

1．注重仪态

（1）坐姿。应聘者入座时不能坐满整个椅面，否则显得太随意；也不能坐在椅子边沿上，否则显得太过拘谨。正确的做法是坐满椅子的 2/3，上身自然挺直并略向前倾，双脚、双膝并拢，双手自然放于腿上，切忌抖腿、跷二郎腿等。

（2）眼神。合适的眼神可以展示应聘者的自信，也可以表达对面试官的尊重。与面试官交谈时，应聘者应自然地注视面试官，且最好将目光集中在对方的眼睛与鼻子之间的三角区，切勿长时间直视对方的眼睛或避免与对方有眼神接触。注视面试官时，每次的注视时长以 15 秒左右为宜，然后转而注视他处，间隔 30 秒左右之后再转而注视面试官。

（3）笑容。微笑是最美的语言。面试过程中应保持自然的微笑（见图 7-1），这样既能够适当地消除紧张感，又能够展现自己的自信，提升自己的外部形象，还能够增进沟通，拉近自己与面试官的心理距离。

图 7-1　面谈时面带微笑

2．谈吐文雅

面试官一般比较欣赏谈吐优雅、表达清晰、逻辑性强的应聘者。应聘者在与面试官交谈时应语言简洁、吐词清楚、条理清晰。同时，应多用敬语，如提到面试官时要用“您”，提到应聘的公司时要用“贵公司”等。

与面试官交谈时不要产生争论，不要抢话头，不要连珠炮式地发问，不要乱开玩笑；当对方谈兴正浓时，不要轻易转移话题。在表达自己的观点时根据实际情况谈自己的看法，也可以使用“我很同意您的观点”之类的话来回应。在面试过程中，可以真诚地表达自己的意愿，如可以直接表达“我真心想得到这份工作”等意愿，然后运用恰当的语言说明自己能够胜任所应聘职位的理由。

3．注意聆听

在面试过程中，应聘者一定要仔细聆听面试官的讲话并适时以“嗯”“对”“是的”“我想是的”等话语予以回应。这样能够给面试官留下良好的印象。聆听是有礼貌、有修养的表现，若随意打断面试官的讲话或抢着发言，则可能给面试官留下急躁、不够稳重的印象。

礼仪故事屋

你认真听了吗？

有位大学毕业生到一家杂志社去求职，主编同他谈话，开始一切都很顺利。由于对他第一印象很好，主编就拉家常式地谈起了自己在假期的一些经历，结果大学生走了神，没有认真听。临走时，主编问他有何感想，他回答说：“您的假期过得太好了，真有意思。”主编盯了他好一会儿，最后冷冷地说：“太好了？我摔断了腿，整个假期都躺在医院里。”

4．适时告辞

面试结束时，有的面试官可能用“感谢你来面谈”等辞令来结束谈话；有的面试官会以起身的方式示意面试的结束。这时，求职者应该立即停止说话，及时地起身站好并与面试官握手，以表示感谢。即使自己被录用的概率很小，也应礼貌地结束谈话，而不应继续强行推销或为自己申辩。离开面试房间时应将座椅放回原来的位置，主动向面试官致谢并道别，然后从容地走出房间并轻轻地关上门。

（三）面试后的礼仪

招聘程序并不是在面试结束后就立即终止，招聘单位可能还会安排其他测试，之后再进行综合评估。因此，求职者应重视面试之后的礼仪，有意识地与招聘单位保持联系，以加深招聘单位对自己的良好印象，提高被录用的概率。

具体而言，求职者可以在面试之后给面试官发一封感谢信，或者几天之后主动打电话或发邮件询问面试结果。询问面试结果时，应表达自己对目标职位的热切向往；若被告知自己被淘汰了，则应礼貌地询问自己的不足之处，以免今后重蹈覆辙。需要注意的是，无论采取哪种方式与招聘单位联系，都只需要表明自己的良好态度即可，切勿追问得过急或纠缠不休。

任务二 掌握办公室礼仪

办公室是现代社会最为典型的工作场所。办公室礼仪是指人们在办公室这个特定的工作场所所应遵守的礼仪规范，主要包括办公室环境礼仪、员工个人礼仪和同事关系礼仪。

一、办公室环境礼仪

（一）公共空间卫生

（1）办公室干净整洁，窗明几净，空气流通。

（2）办公设备配置和装饰造型美观、色彩和谐、赏心悦目。

（3）办公室内禁止摆放与工作无关的个人用品（如餐具、玩具和装饰品等）。

（4）及时清理办公桌及文件柜。

（5）爱护办公室桌椅、沙发和茶几等办公用具，保持电话机、计算机、复印机和传真机等办公设备的整洁，确保其正常运转。

（6）公用的笔、墨水、涂改液、便笺纸、报纸和杂志等办公用品应摆放整齐，并根据使用情况及时添加或更换。

（二）个人办公区卫生

个人办公区要保持办公桌位清洁，桌上不要堆满文件和杂物。要将各种文件或材料按照日期或根据内容装订起来放到抽屉里或资料柜中；抽屉里的东西也要摆放整齐，以便拿取方便。私人物品和其他杂物可以放到自己的柜子里。

二、员工个人礼仪

（一）仪表稳重端庄

在社会生活中，人们的仪表必须符合其身份、地位和社会角色才能被人理解，被人接受。在工作场所，员工的仪表要做到正式、庄重、得体，切不可穿着随意和标新立异，更不能打扮得华丽妖艳、引人侧目，如图 7-2 所示。

图 7-2　员工仪表

具体而言，员工着装时应做到以下几点：

（1）服饰干净整洁，避免出现肮脏、残破和折皱的情形。

（2）服饰搭配和谐，做到服饰色彩少、质地好、款式雅、做工精、搭配准。

（3）服饰庄重大方，文明得体，避免穿着花哨、裸露、透视、短小和紧身的服饰。

员工在仪表方面除了要注意衣着打扮符合工作环境和身份外，还要注意以下几个问题：

（1）讲究个人卫生，做到勤洗头发、勤剪指甲、勤换衣服。

（2）去除身体、口腔异味，少吃葱、蒜等气味较重的食物。

（3）避免使用气味浓烈的化妆品和香水，化妆美容要适当，要做到自然大方、淡雅美观，化妆不应在办公室里进行。

（二）谈吐礼貌文明

员工在日常工作交谈中应主动使用约定俗成的文明礼貌用语，以示对交往对象的尊重和友好之意。员工谈吐的礼貌文明还可以通过以下行为表现出来。

（1）无论是进入办公室还是离开办公室，都要注意与其他人打招呼。

（2）准确称呼他人，善于倾听他人说话，使对方觉得受到尊重。

（3）说话时面带微笑，语气自然亲切，适当赞美他人，表达对他人的关心。

（4）不要在办公室大声喧哗谈笑，不要谈及与工作无关的事情。

（5）他人谈话时不要随便插嘴，不要随便打听他人的情况和隐私。

（6）开玩笑要把握分寸，避免谈及庸俗、低级的话题。

（7）不要传播小道消息和搬弄是非，更不能挖苦他人或恶语伤人。

（三）举止大方庄重

员工在举止上要特别注意以下几个方面：

（1）站姿挺拔，坐姿端正（见图 7-3），走姿稳重，行为果断，表现出自信、大方、干练的气质风度。

图 7-3　办公坐姿

（2）开门、关门或移动物品时动作轻微，不要发出太大的声响；进入别人办公室时要轻轻敲门，得到允许后方能入内。

（3）按照单位或工作内容的要求，正确使用相关举止动作（如接待人员的引导手势），做好工作。

（4）上班时间要避免以下情形：吃零食、打瞌睡、会朋友、看闲杂书籍、上网游戏和随便串岗等。

（5）使用办公物品和设备时要小心谨慎，不可随心所欲、乱用乱放。

（6）不要随便翻阅他人文件、书籍和物件，不可随意使用或损坏集体物品。

三、同事关系礼仪

（一）与上级相处的礼仪

1. 尊重上级

单位的领导一般具有较高的威望、资历和能力，有很强的自尊心。作为下级要适应其工作方法，以维护领导的威望和自尊。

在工作交往中，下级对上级的尊重可以通过以下的行为方式体现：

（1）遇到上级主动称呼问候或让路。

（2）上级走进办公室时热情致意，上级走到自己办公桌前要起立。

（3）上下汽车、进出大门和电梯时应让上级先行。

（4）经常向上级请示、汇报工作情况，听取上级对工作的意见和指导。

（5）与上级交谈时认真倾听，不应顶撞上级，特别是公开场合尤其要注意。即使与上级的意见相左，也应在私下与其说明。

2. 服从安排

上级对下级有工作方面的指挥权，对上级在工作方面的安排和指挥，下级必须服从。上级布置的工作任务下级要坚决完成，其正确的意见和指示要坚决执行。

一般地，对于上级的指示和安排意见，即使不符合自己的想法，也要按照上级的安排去做。这不仅是工作顺利开展的重要保证，也是作为下级最基本的礼节礼貌。

3. 学会体谅

上级在工作中由于受到主观、客观条件的影响，难免会遇到各种困难，下级应该体谅上级的难处，不能轻易因为某些要求未得到满足而对领导产生不满。当领导遇到困难时，下级应该主动为其排忧解难。

4. 注意沟通

工作中下级要经常与上级进行沟通，不失时机地与上级交换意见，让上级了解自己的想法。只有经常与上级沟通，才能被上级更深入地了解，进而有机会被重用。

5. 虚心接受

被上级批评时，下级要虚心接受、坦率认错、及时道歉。哪怕错误不在自己，也要心平气和地向上级说明情况。

（二）与同事相处的礼仪

1. 相互尊重

相互尊重是处理好任何一种人际关系的基础，同事关系也不例外，要友好平等地与同事相处。对待同事不仅要做到以礼相待，而且要注意不能厚此薄彼。不能在背后议论同事的隐私和损害同事的名誉，不要在上级面前诋毁攻击同事。

2. 关心同事

同事遇到职位变化、工作受阻和挫折不幸时，要能及时地给予真诚的关心和帮助，及时地伸出援助之手为同事排忧解难。这样可以增进双方之间的感情，使同事关系更加融洽。

3. 公平竞争

工作中存在竞争是不争的事实，竞争能促进工作的有效开展。但是切记：同事之间要公平竞争，不能在背后耍心眼，贬低别人抬高自己，甚至踩着别人的肩膀往上爬。

4. 宽以待人

同事之间相处，误会在所难免。如果是自己的失误，应主动向对方道歉，以获得对方的谅解；当对方误会自己时应主动向对方说明，不可“小肚鸡肠”，耿耿于怀。

切忌意气用事使事态复杂化，以致产生严重后果。如果问题比较严重，自己实在无法忍受，可请求上级帮助解决，必要时可诉诸法律，但绝不可凭血气之勇而蛮干。

任务三 掌握会议礼仪

会议是指人们为了解决某个共同的问题或出于某种目的聚集在一起进行讨论、交流的活动。会议礼仪是指会议召开前、会议过程中、会议结束后应遵守的礼仪规范。

一、会议组织礼仪

扫一扫

会议礼仪

会议的组织工作是非常复杂的，在会前准备、会中组织和会后收尾阶段都有不同的要求。要想使会议举办得圆满成功，就必须确保上述每个环节都万无一失。

（一）会前准备

1. 确定会议议题和名称

首先，举办方应提出恰当的会议议题。在此阶段，筹备人员应充分征求各方意见，全面了解需要通过会议解决的事项，并据此列出议题，及时报有关领导审定。然后，根据议题确定会议的名称。例如，某公司以新产品、新技术的出现为议题，准备召开新闻发布会，并确定会议的名称为“××公司新产品信息发布会”。

2. 成立会务组

会议议题和名称一旦确定，就应成立专门的会务组，由其负责落实会议的具体工作事项，如联络责任人、协调各方关系等。大型会议中，通常还应分别成立秘书组、保卫组、接待组、文娱组等，以便全面筹备会议事务，保证会议井然有序地进行。

礼仪小贴士

根据规模大小或出席人数的多少，会议一般可分为小型会议、中型会议和大型会议。小型会议的出席人数少则几人，多则几十人，一般不超过 100 人；中型会议的出席人数一般为 100～1 000 人之间；大型会议的出席人数一般在 1 000 人以上。

3. 确定与会人员名单

根据会议的内容、性质和任务，科学地确定出与会人员名单。确定名单时，应当剔除一切与会议无关的人员。这样做的目的在于保证整个会议气氛不被搅乱，以便取得理想的会议效果。

4. 确定会议地点

根据会议的性质和规模确定会议召开的地点。其中，会议所在地区应交通便利、气候宜人，会议具体场所应环境幽雅、宽敞明亮。

5. 安排会议议程和日程

会议议程是指对会议活动的总体顺序安排。例如，大中型会议的议程一般安排如下：开幕式；领导和来宾致辞；领导做报告；分组讨论；大会发言；参观或其他活动；会议总结；宣读决议；闭幕式。

会议日程是指根据会议议程对各项会议活动所做出的日期安排，凡是会期满1天的会议都应制订会议日程。

会议组织者安排会议议程和日程时，应保证关键人物有时间出席会议，并尽可能保证其他与会者有时间参与会议。同时，应尽量将重要的议题和关键人物的活动安排在前面。

6. 拟发会议通知

会议组织者应提前向与会者下发会议通知。会议通知可以采取书面、口头、电话、邮件等方式，但大中型会议或比较正式的会议一般应采用书面形式。

书面通知应包括以下内容：① 会议名称；② 会议主题和内容；③ 会期（会议起止时间）及报到时间；④ 会议地点；⑤ 会议的出席对象；⑥ 与会要求，即与会者应携带的材料、应支付的费用、应准备的生活用品等；⑦ 主办单位、联系人姓名及其电话等。

发放书面通知时，应当设法保证其及时到达（至少应提前1天到达）与会者手中，以便其早做准备。

7. 准备会议材料

妥善准备会议上所用的各种文件材料，如会议议程和日程表、开幕词、主题报告、领导讲话稿、其他发言材料、闭幕词等。有的文件应在与会人员报到时发放，如会议议程和日程表。

8. 准备会场设备和会议用品

购买或租用各种会场设备，如音像设备、多媒体设备、照明设备、通风设备等。同时，准备相应数量的会议用品，如签到簿、笔、笔记本、文件夹、座位签、姓名卡、饮料、杯子、印有会议标志的纪念品等。

9. 布置会场

将会议所需的各种设备和用品摆放到会场的相应位置，并对设备进行调试检查。此外，还应在会场的显眼位置悬挂标语、横幅、旗帜或会标，并在会场周围设置路标、张贴海报、摆放鲜花、插放彩旗等。

座次的安排要根据会议规模来设置，讲究礼宾次序。

（1）大型会议的座次礼仪。大型会议的与会人数众多，所以会场上通常应分设主席台和群众席。

① 主席台的座次。按照国际惯例，主席台的座次排列应符合以下规则：以主席台面向群众席的视角为基准，前排尊于后排，中间尊于两侧，右侧尊于左侧，如图7-4所示。安排好主席台座次后，应按照座次顺序在就座者身前的桌上摆好写有入座者姓名的桌签，以便主席团成员按序入座。

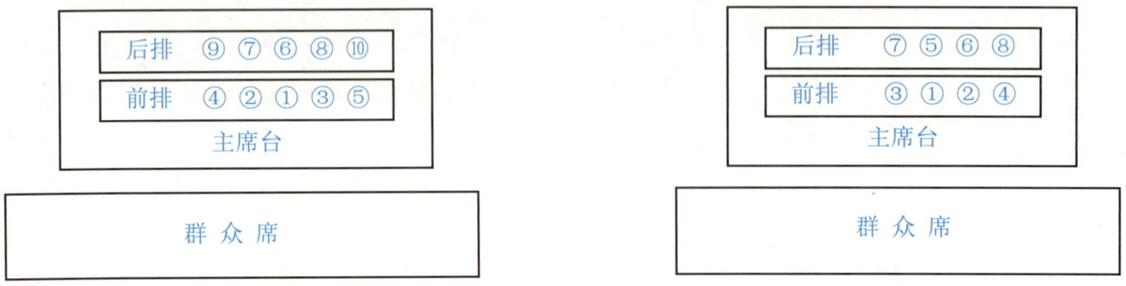

每排人数为单数时的座次排列　　每排人数为双数时的座次排列

图7-4　主席台的座次排列

② 群众席的座次。群众席可以根据需要自由择座，也可以按照会议主办方指定区域统一就座。常见的群众席的座次安排如图 7-5 所示。

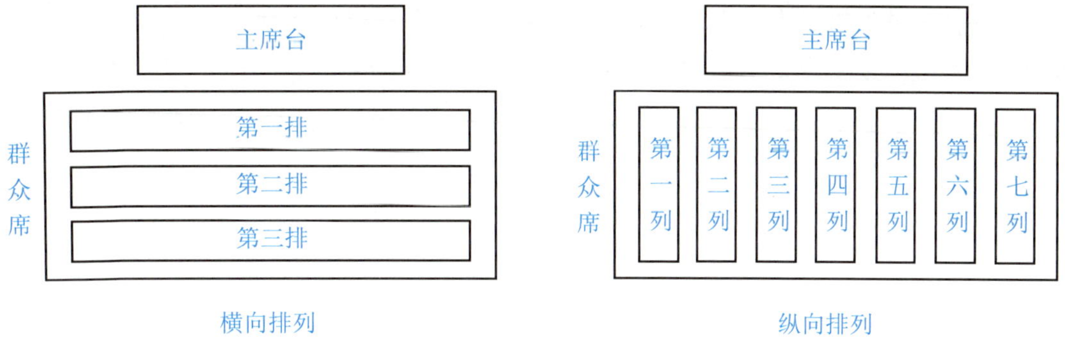

图 7-5　群众席座次

通常，横向排列座次时，前排座位尊于后排；纵向排列座次时，中列的座位尊于两侧。

（2）小型会议的座次礼仪。小型会议的与会人数较少，全体与会者通常同桌而坐。因此，会议组织者可采用以下两种方式安排会议的尊卑座次。

① 无主客之分的座次排列。若与会者中没有客人，则直接在面对会议室正门的位置上，按照中间为尊、右座尊于左座的原则安排座次，如图 7-6 左图所示。若会议桌斜对着会议室正门，则可以在远离会议室正门的一侧依次设座，如图 7-6 右图所示。

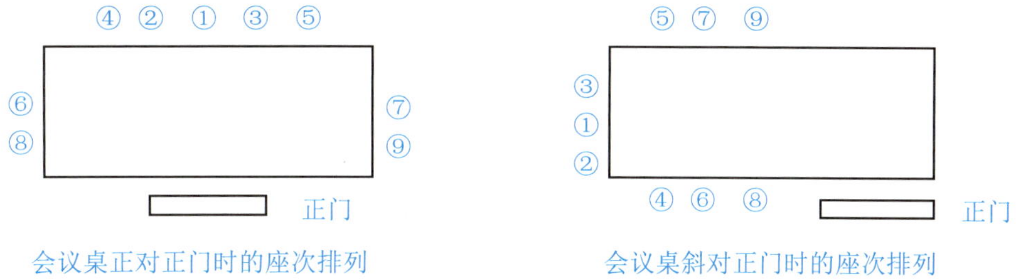

图 7-6　无主客之分的会议座次

② 有主客之分的座次。若与会者中有客人，一般分两侧就座，客人一方坐在会议桌比较靠里的一边，而主人一方则相对而坐，如图 7-7 所示。

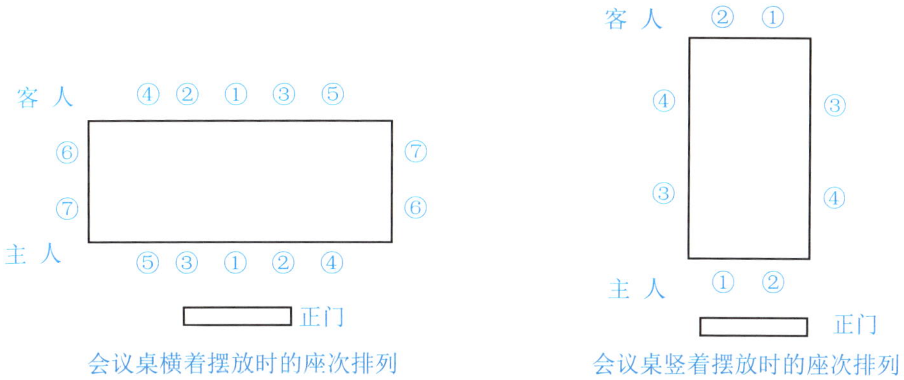

图 7-7　有主客之分的会议座次

（二）会中组织

1. 做好接待工作

安排专员做好会场内外的接待工作，主要包括迎接、引导和陪同与会者等。

2. 组织签到

组织与会者签到，并及时、准确地统计到会人数，从而据此安排会议工作（有些会议只有在到会人数达到一定数量时才能召开）。

3. 做好现场记录

安排专员对会议进行现场记录，具体方式包括手写记录、电脑录入、录音、录像等。可以只选用一种方式进行记录，也可以采用多种方式交叉进行。采用手写记录或电脑录入的方式记录会议时，应当准确、完整地写明会议名称、会议时间、会议地点、出席人数、讨论事项、发言内容、临时决议、最终表决等内容。

4. 做好会间服务

为与会者提供一切力所能及且符合礼仪规范的服务，具体包括为与会者安排工作餐、住宿、茶会或文娱活动，以及提供安全保卫、医疗卫生、便民咨询等。

（三）会后收尾

1. 整理会议资料

对会议相关的一切图文、声像材料进行收集、整理，并对相应材料进行汇总、归档、回收或销毁，然后及时形成会议纪要或会议决议。

2. 馈赠礼品或组织摄影

对于公司内部会议以外的会议，会议组织者可向与会者赠送具有会议主办方特色的礼品，并可组织与会者摄影留念，以加强业务联系、促进商务往来。

3. 协助与会者返程

对于外来的与会者，会议组织者应提供一切力所能及的帮助协助其返程，如为其联络或提供交通工具、替其订购返程机票或车票、帮助托运行李、安排专人为其送行等。

二、与会者礼仪

（一）主持人礼仪

会议的主持人一般由具有一定职位的人来担任，其表现对会议能否取得圆满成功有着重要影响。因此，主持人要特别注意以下事项。

1. 熟悉议程

主持人在接到主持任务后，要认真研究所主持的会议，弄清会议的目的、主题、会议的发言者及发言题目、用时等相关情况，从而熟悉会议议程，把握会议走向，预测会议效果，并据此设计出主持人的串联词，为主持工作做充分的准备。

2. 仪态端正

主持人应衣着整洁、大方庄重，走上主席台时应步态稳健有力、精神饱满。如果站立主持，应双腿并拢、腰背挺直。持稿时，右手持稿子的底中部，左手五指并拢自然下垂；双手持稿时，应与胸齐高。坐着主持时，应坐正挺直，双臂前伸，双手轻按于桌沿。在主持会议的过程中，切忌出现搔头、揉眼、抖腿等不雅动作。

3. 言谈得体

主持会议时，应当口齿清楚、发音准确，并简明扼要地表述会议事项。在会议进行过程中，不可与会场上的人员寒暄、闲谈。

4. 控制会场

（1）主持人应按既定的顺序推动会议活动的进展，不得随意变动议程顺序，同时，严格把握会议的起止时间，不随意拖延或提前。

（2）引导与会者积极讨论或发言，当讨论、发言的内容偏离会议主题，或者讨论、发言的时间超出限定范围时，应当给予礼貌地提醒。

（3）就发言内容进行提问并做恰如其分的评价，同时对发言人表示礼节性的肯定或感谢。

（4）根据会议性质适当地调节会议气氛（或庄重、或热烈等），以实现会议的预期效果。

（5）安排会间休息时间，并明确休息时间的具体长度。

（6）在会议结束前，对会议情况做简单的总结，并宣读会议达成的决议。

（7）会议结束时，对为会议提供了帮助的人和协助组织会议的工作人员表示感谢。

（二）发言者礼仪

1. 发言准备

发言者在发言之前，要做好以下两项准备工作：一是准备发言稿。在准备发言稿时，要了解会议的主题、与会者情况等。发言稿要观点明确、中心突出，主张合理、层次清楚，逻辑缜密、以理服人。二是修饰仪表。在发言之前，发言人一定要抽出时间，对个人仪表进行修饰，如头发要梳理整齐，着装要干净、整洁大方。

2. 发言礼仪

发言者分为正式发言人和自由发言人两种。前者一般是领导报告，后者一般是讨论发言。正式发言人和自由发言人应分别遵守以下礼仪规范：

（1）正式发言人的礼仪规范：

- 走上主席台时，应步态自然，并体现出自信的风度。
- 走上主席台后，首先应面向群众席，扫视全场，与在座的听众进行目光交流，然后诚恳、恭敬地向听众鞠躬或点头致意，稍后便可开始发言。
- 发言时，应口齿清晰、发音准确，简明扼要地表述发言内容，若是书面发言，则还应时而抬头扫视会场，切勿旁若无人地低头念稿。
- 发言完毕，应向听众表示谢意，然后退下主席台回到原座位。

（2）自由发言人的礼仪规范：

- 注意发言顺序，遵守发言秩序，不可争抢发言。
- 发言时，应口齿清晰、观点鲜明、内容简短。
- 与他人有分歧时，应态度平和，以理服人。

无论是正式发言人还是自由发言人，对于主持人或其他与会者就发言内容所进行的提问都应礼貌作答，对于不能回答的问题应礼貌地说明理由；对于提问人的批评或建议，应当认真听取，即便批评或建议是不恰当的，也不应失态。

（三）会议参加者礼仪

参加会议是一件严肃的事情。参加会议的人员无论是以单位还是个人的名义出席会议，都要注意自己的言行举止，做到稳重端庄，遵时守纪，合乎礼仪规范。

- 衣着整洁、仪表大方、按时到会，并按会议主办方安排的座次入座。
- 保持会场安静，做到关闭手机或将手机调为静音，不拨打或接听手机，不大声喧哗，不交头接耳等。
- 保持得体的仪态，切勿做出不雅行为，如打哈欠、伸懒腰、打瞌睡、掏耳挖鼻、挠头打嗝等。
- 会议进行时，不要随意走动或出入。若确实需要暂离座位，则应轻手轻脚地进行，尽量减少对发言者和其他与会者的影响；若需要长时间离席或提前退场，则应向会议主办方说明理由并表示歉意，在征得同意后方可离开。
- 他人发言时，应认真倾听，并记下与自己工作相关的内容。
- 当他人发言结束时，应向发言者致以热烈的掌声，以表示赞赏和感谢。

礼仪故事屋

研讨会上的“明星”

长荣公司被邀请参加一个研讨会，这次研讨会将有很多商界知名人士及新闻界人士参加。长荣公司的总经理特意安排他很器重的助理小杨作为公司代表前去参加。

会议当天，小杨睡过了头，等他赶到现场时，会议已经进行了 20 分钟。他急急忙忙地推开会议室大门，不小心碰倒了会议室门口的花盆，花盆倒地发出一声脆响，这让他一下子成了会场上的焦点。刚坐下不久，小杨的手机铃声响起，肃静的会场上播放起了摇篮曲！这次，小杨简直成了研讨会上的“明星”。研讨会结束后，长荣公司总经理就让小杨另谋高就了。

任务四 掌握仪式礼仪

仪式是指在特定场合举行的、具有专门程序的、规范化的活动。常见的仪式包括签字仪式、开业仪式和剪彩仪式。

一、签字仪式礼仪

签字仪式是指业务双方或多方经过会谈、协商，形成了某项协议或合同，由各方代表在有关协议上签字并交还相关文本的仪式。签字仪式礼仪是指各方人员在举行签字仪式时应遵守的礼仪程序和规范。

（一）签字仪式的准备

1．准备待签文本

在谈判或洽谈结束后，签约各方应指定专人按照达成的协议，做好待签文本的定稿、翻译、校对、印刷、装订、盖章等一系列工作。文本一旦签字就具有法律效力，因此，待签文本的准备一定要严谨、慎重。

在准备过程中，双方要共同审定合同中的各项具体条款及其表述，并核对与合同相关的附件、批文、证明等材料的真实性、完整性和准确性，最终使合同文本定稿。若对上述文本存在争议，则各方应再次谈判或商议，直到达成一致意见。有几方签字，就要准备几份文本，还可以同时为各方提供一份副本。

签署涉外合同时，通常按照国际惯例确定文本的语言文字，具体情况有如下两种：① 双边签约的签字文本应同时使用双方法定的官方语言文字撰写，必要时还可以使用国际通行的第三方文字，如英文、法文等；② 多边签约的签字文本应使用经各方协商确定的语言文字撰写。

待签文本应用白纸印刷并装订成册，再配以封皮，以示郑重。

2. 确定出席人员

在举行签字仪式之前，签约各方应预先确定好各自参加签字仪式的人员，并相互通报。尤其是出席签字仪式的客方，要先将己方的出席人员名单提前告知主方，以便主方安排。

通常，签约各方应预先确定的人员包括主签人、助签人和陪同人员。

（1）主签人。主签人是签字仪式上的主要角色，其可由各签约方参与谈判或洽谈的主谈人担任，也可由各方更高级别的领导人担任。需要注意的是，双方主签人的身份应大体相当。

（2）助签人。助签人是指在签字仪式过程中帮助主签人翻揭待签文本、指明签字之处的人。助签人必须了解签约各方的谈判或洽谈过程，清楚待签文本的整理、起草和制作情况，并非常熟悉助签业务。

（3）陪同人员。出席签字仪式的陪同人员，主要是参加谈判或洽谈的全体人员，人数以相等为宜。

3. 选择签字场地

签字场地即正式举行签字仪式的场地，其通常应根据参加签字仪式的人员人数和合同内容的重要程度来确定。签字场地可以选在庄重严肃、宽敞明亮的专用的签字大厅进行，也可以选在客方所住的宾馆或主方的会客厅进行。签字场地的选择应当由签约各方共同协商确定，任何一方自行决定后再通知其他各方的行为都属于失礼行为。

4. 布置签字厅

签字厅的布置通常由主方负责操办。布置签字厅的总体原则是庄重、整洁。一般在签字厅内设置一张长方形桌作为签字桌，桌面上铺深色台呢，并摆放好待签文本、签字笔、吸墨器等。签署双边合同时，桌后并列摆放两把椅子，供双方签字人就座。签署多边合同时，一般摆放一把椅子，各方签字人轮流就座，也可以为各方签字人各提供一把椅子。

（二）签字仪式的座次礼仪

签字仪式的座次一般由主方安排。安排时，应注意以右为尊，即将客方主签人安排在签字桌右侧就座（以室内面向正门的视角为基准），主方主签人在左侧就座，各自的助签人在其外侧助签，双方的随席人员分别站在己方主签人的座位后面，并按照职位高低、由中间向两侧依次排开。具体布置如图 7-8 所示。

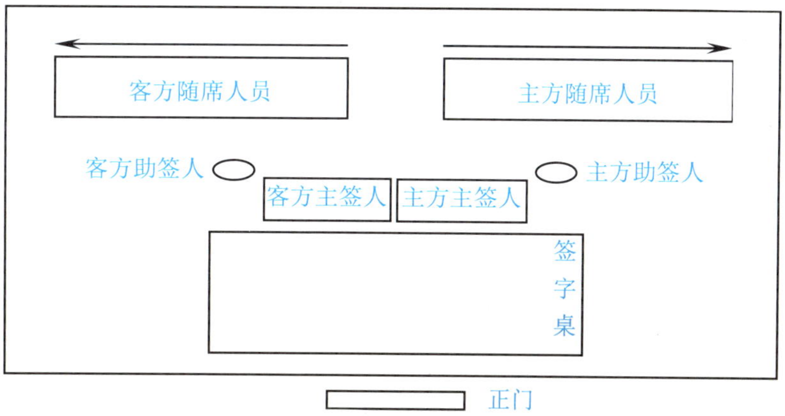

图 7-8　签字仪式的座次安排

（三）签字仪式的基本程序

1. 仪式开始

签约各方的全体出席人员进入签字厅，按照顺序在指定的座位入座。

2. 签署文本

开始签字时，助签人应站在相应位置协助翻揭文本并指明签字之处。由主签人在己方保存的文本上签字，然后由助签人合上文本，在主签人的身后相互交换文本，双方主签人分别在对方保存的文本上签字。这样做，轮流使各方有机会居一次首位，以示平等，在礼仪上叫做“轮换制”。

3. 交换文本

各方签字人员起立，相互交换文本并握手致意。此时，全场出席人员应热烈地鼓掌，以表祝贺，如图 7-9 所示。

图 7-9　交换签署完毕的文本

4. 举杯庆贺

签约各方的相关人员，尤其是各方主签人应接过一杯由礼宾小姐端上来的香槟酒，与他方的主签人及相关人员一一碰杯并当场饮用，然后高举（以齐于眼部为宜）酒杯示意，相互道贺。

5. 退场

签字仪式结束后，主方应先请签约各方的最高领导人退场，然后请客方人员退场，最后主方人员退场。整个仪式所用的时间以半小时为宜。

二、开业仪式礼仪

开业仪式是商业性组织为庆祝成立或开张，经过精心策划并按照一定程序而举行的一种庆祝仪式活动，目的是传播企业信息，宣传企业形象。开业仪式礼仪是指在举办和参加开业仪式的过程中所应遵守的礼仪规范。

（一）开业仪式的准备

筹备开业仪式时，对于舆论宣传、来宾邀请、接待服务、场地布置、礼品准备、程序拟定等工作需要事先做好安排。

1. 舆论宣传

在开业仪式正式举行的前 3～5 天，开业单位应向社会各界宣传开业仪式的举办时间、举办地点、企业的经营范围和特色、开业之际对顾客的优惠情况等，以吸引社会各界人士的关注，争取被认可和接受。

舆论宣传的方式主要有以下几种：① 在单位建筑物周围设置醒目的条幅、广告语、宣传画等进行宣传；② 向公众散发广告单页进行宣传；③ 利用报纸、杂志及网络等媒介进行宣传；④ 运用广播、电视等媒体进行宣传。

2. 来宾邀请

开业仪式影响力的大小实际上取决于来宾身份的高低和数量的多少，因此，开业单位应在力所能及的情况下，力争多邀请一些来宾参加仪式。

（1）邀请的人员。地方领导、上级主管部门与地方职能管理部门的领导、合作单位的领导、同行单位的领导、社会团体的负责人、社会名人、媒体人员等，都是邀请考虑的重点。

（2）邀请的方式。邀请来宾时，可以采取电话、传真、发邀请函等方式进行。为了表明诚意与尊重，通常应采取发邀请函的方式进行，对于重要嘉宾，应派专人将邀请函送到被邀请者手中。

邀请函

××先生（女士）:

兹定于×月×日（星期×）×时在××处举行××开业仪式。

敬请光临，谢谢。

×××公司

××××年××月××日

（3）邀请的时间。邀请工作应至少提前一周完成，以便被邀请者早做安排。

3. 接待服务

在举行开业仪式的现场，一定要有专人负责来宾的接待服务工作。主办单位的全体员工除了要热情待客、主动帮助之外，更重要的是明确分工，各尽其职。

此外，要为来宾准备好专用的停车场、休息室和饮食等。在接待贵宾时，需由单位负责人亲自出面；在接待其他来宾时，可由礼仪小姐负责。

4. 场地布置

开业仪式多在开业现场举行，可以是正门之外的广场，也可以是正门之内的大厅。按照惯例，举行开业仪式时，宾主一律站立，所以一般不设主席台。为体现隆重和对来宾的敬意，可在来宾尤其是贵宾站立之处铺设红地毯，并在场地四周悬挂横幅、标语、气球、彩带等物。

此外，还应当在醒目处摆放来宾赠送的牌匾、花篮等；来宾的签到簿、单位的宣传材料、待客的饮料等，也须提前备好；音响、照明设备及其他用具，必须事先检查、调试，以防在使用时出现差错。

5. 礼品准备

仪式举行前，应事先准备一些礼品，以便赠给届时参加仪式的来宾。所赠礼品应突出宣传性、价值性和实用性。

- 宣传性：即礼品应具有开业单位的鲜明特色。通常，可采取在礼品及其包装上印刷开业单位的标志、产品图案、广告用语等方式来增加礼品的宣传性。
- 价值性：即礼品应具有纪念意义，能使受赠者对其倍加珍惜。
- 实用性：即礼品应具有实际使用价值，能为受赠者带来生活或工作上的便利。

6. 程序拟定

为使开业仪式顺利进行，在筹备之时，必须要认真拟定具体的程序，并选定称职的仪式主持人。拟定开业仪式程序应坚持以下两条原则：① 时间宜短不宜长。一般来说，应以1个小时为宜。② 程序宜少不宜多。

开业仪式方案——长远大酒店开业庆典

庆典时间：2021年3月6日上午10点

地点：长远大酒店

名称：长远大酒店开业庆典剪彩仪式

简介：长远大酒店于3月6日在酒店所在地隆重举行开业剪彩仪式，届时会有许多商业人士、新闻媒体及市政府领导出席。在剪彩仪式结束之后，我们将邀请来宾参观长远大酒店，使大家了解酒店在饮食、娱乐、住宿等方面的配套设施、服务功能和服务特色。同时，酒店准备了丰盛的午宴款待各位嘉宾，届时请各位尽情享用。

活动安排：

9:00～9:30	礼仪小姐迎宾。
9:30～9:40	主持人宣布开业仪式正式开始，首先介绍主办方活动宗旨，接下来介绍与会嘉宾。
9:40～9:45	主持人邀请酒店负责人王总经理上台致辞。
9:45～9:50	主持人邀请市政府领导上台致辞。
9:50～10:10	主持人邀请嘉宾剪彩。
10:10～11:00	主持人宣布剪彩仪式结束，邀请嘉宾参观长远大酒店。
11:00～12:30	在长远大酒店设宴，请嘉宾共进午餐。

（二）开业仪式的程序

1. 迎宾

礼仪小姐就位在会场门口迎接来宾，待来宾签到后，引导来宾就座。

2. 典礼开始

主持人宣布开业仪式正式开始，全体起立，鸣放鞭炮，奏乐。宣读重要来宾名单。

3. 致贺词

由上级领导或来宾代表致贺词，主要表达对开业单位的祝贺，并寄予厚望。

4. 致答谢词

由本单位负责人致答谢词，其主要内容是向来宾及祝贺单位表示感谢，并简要介绍本单位的经营特色和经营目标等。

5．揭幕或剪彩

揭幕就是由本单位负责人和上级领导或嘉宾揭去盖在牌匾上的红布。揭幕的具体做法如下：揭幕人走到红幕前，双手接过幕布彩索，目视幕布，然后双手拉启彩索，使被幕布蒙住的牌匾或纪念碑显露出来，如图 7-10 所示。揭幕后，在场人员应鼓掌，同时奏乐。

图 7-10　揭幕

剪彩就是在仪式上由剪彩人员剪断彩带。彩带通常是用红绸制作的，剪彩前应事先准备好剪刀、托盘和彩带。剪彩时，由礼仪小姐拉好彩带，端好托盘，剪彩者用剪刀将彩带上的花朵剪下，放在托盘内，如图 7-11 所示。这时，场内应以掌声表示祝贺。

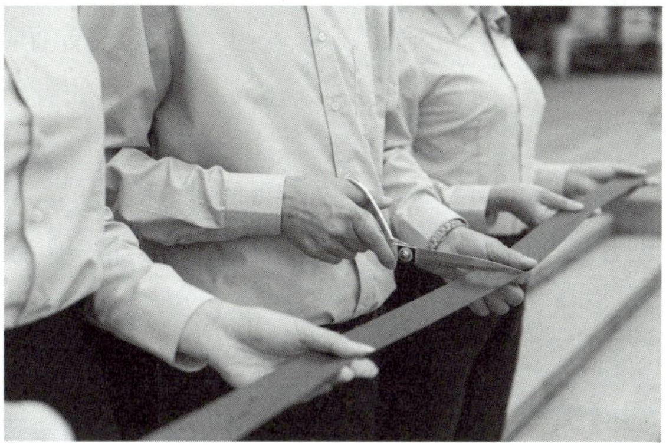

图 7-11　剪彩

6．参观

如有必要，可以引导来宾参观，介绍本单位的主要设施、特色商品及经营策略等。

7．迎接首批顾客

可以采取让利销售或赠送纪念品的方式吸引顾客，也可以选择一些有代表性的消费者参加座谈，虚心听取消费者的意见，拉近与消费者的距离。

以上程序可视具体情况有所增减，无须生搬硬套。总之，开业仪式的整个过程要紧凑、简洁高效，避免时间过长、内容杂乱，使来宾产生不快。

三、剪彩仪式礼仪

剪彩仪式是指开业单位邀请专人使用剪刀剪断被称为“彩”的红色缎带，以示开业的庆祝活动。剪彩仪式是开业仪式中的一项重要环节，因其具有特定的规范，故在此对剪彩仪式的准备和基本礼仪做单独的讲述。

礼仪故事屋

剪彩仪式的起源

据说，剪彩最早起源于美国。20 世纪初，美国一家百货商店将要开业。店主为了阻止闻讯后蜂拥而至的顾客在正式营业前闯入店内抢购促销商品，便随便找来一条布带子拴在门框上。谁曾料到这项临时性的措施竟然更加激发了挤在店门之外的人们的好奇心，促使他们更想早一点进入店内，对即将出售的商品先睹为快。

正当店门之外的人们有些迫不及待的时候，店主的小女儿牵着一条小狗突然从店里跑出来，小狗将拴在店门上的布带子碰落在地。人们误以为这是该店为了开业所搞的“新把戏”，于是立即一拥而入，大肆抢购。让店主惊喜的是，他的商店在开业之日的生意居然红火得令人难以置信。

（一）剪彩仪式的准备

1. 确定剪彩人员

剪彩仪式举行前，举办单位应认真选择并确定剪彩人员，主要包括剪彩者和助剪者。

（1）剪彩者。剪彩者即剪彩仪式上持剪刀剪彩的人，其身份地位的高低与剪彩仪式档次的高低有着密切联系。他们通常由举办单位的上级领导、合作伙伴、社会名流、员工代表或客户代表担任。

根据惯例，剪彩者可以是 1 人，也可以是数人，但一般不多于 5 人。在确定剪彩者时，必须尊重被邀请剪彩人的意见，切勿勉强；若需邀请数人担任剪彩者，则还应分别告知每位剪彩者届时他将与何人同担此任，否则，是有失礼仪的。

必要时，可在剪彩仪式举行前，将剪彩者集中在一起，告知其有关的注意事项并稍加排练。

（2）助剪者。即在剪彩仪式上为来宾和剪彩者提供服务的礼仪小姐，具体又可分为迎宾者、引导者、拉彩者、捧花者和托盘者，其各自的助剪任务如下：

- **迎宾者**：负责在仪式现场迎送宾客。
- **引导者**：负责在剪彩时带领剪彩者登场或退场。
- **拉彩者**：负责在剪彩时展开或拉直红色缎带。
- **捧花者**：负责在剪彩时手托花团。
- **托盘者**：负责为剪彩者提供剪刀、手套等剪彩用品。

一般情况下，迎宾者为数人；引导者为 1 人；捧花者的人数与花团的个数一致；拉彩者通常由捧花者兼任；托盘者可为 1 人，也可与剪彩者的人数一致。

2. 准备剪彩用具

剪彩用具是指剪彩仪式上所需使用的特殊用具，具体包括红色缎带、新剪刀、白色薄纱手套、托盘和红色地毯。

（1）红色缎带。红色缎带即剪彩仪式中的“彩”。按照传统的做法，红色缎带应由一整匹未曾使用过的绸缎，在中间结成数朵花团而成如图 7-12 所示；按照目前的做法，红色缎带也可为一条长度为 2 m 左右的细窄的绸缎。

（2）新剪刀。新剪刀是剪彩者正式剪彩时所用的剪刀。它必须崭新、锋利而顺手，如图 7-13 所示，且其数量应与剪彩者的人数一致。仪式举办单位在准备新剪刀时一定要逐一检查剪刀是否开刃及好不好用，以免剪彩者届时不能一举成功地剪断红色缎带而一再补刀。

图 7-12　红色缎带

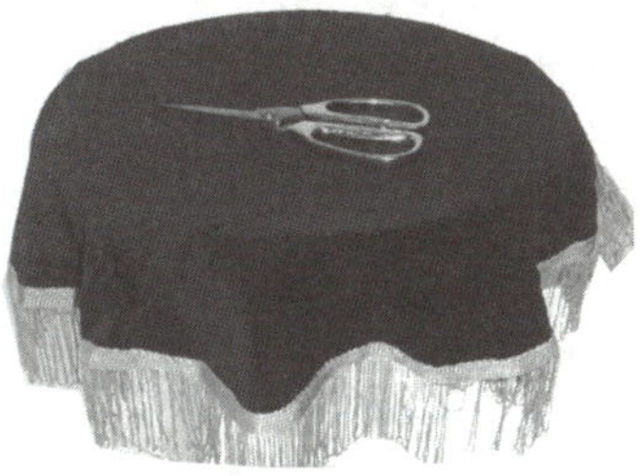

图 7-13　新剪刀

礼仪故事屋

永远要多准备一把剪刀

某大酒店准备举办开业庆典，一位受邀为酒店开业剪彩的市领导因为要到外地开会不能参加剪彩活动。酒店负责人为了表示对该领导的尊重，再三邀请希望其能挤出时间参加剪彩。后来，该领导的会议因故取消了，他在剪彩仪式开始前 2 分钟赶到了现场。然而，筹备剪彩工具的人员没有给他准备剪刀。此时，剪彩嘉宾已经上场了，慌乱间只见一位有经验的礼仪人员从自己的工作袋里拿出一把新剪刀，问题得以解决了。

（3）白色手套。为了显示郑重，最好为每位剪彩者准备一副白色手套，如图 7-14 所示。该手套应崭新平整、洁白无瑕、大小合适、数量充足。当然，有时也可不准备。

（4）托盘。托盘是托在礼仪小姐手中，用于盛放新剪刀和白色手套的盘子。该托盘通常为崭新、洁净的银色不锈钢制品，如图 7-15 所示，在使用时可铺上红色绒布或绸布，以示正规。

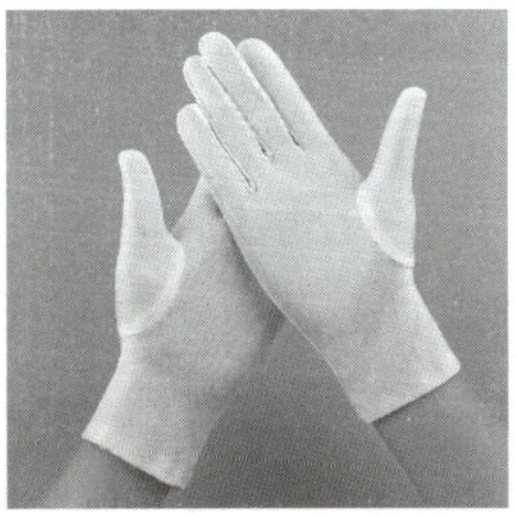

图 7-14　白色手套

图 7-15　托盘

（5）红色地毯。为了营造喜庆的气氛、提升剪彩仪式的档次，可以在剪彩现场铺设红色地毯。地毯应铺设在剪彩者正式剪彩时所站立之处，其宽度应为 1 m 以上，长度则可视剪彩者人数的多少而定。

（二）剪彩仪式的程序

剪彩既可以是开业仪式中的一项具体程序，也可以独立出来，由其自身的一系列程序所组成。而独立的剪彩仪式，通常应包含以下几项基本程序：

（1）入场、奏乐，请来宾就座。

（2）主持人宣布仪式正式开始，现场可燃放鞭炮，全体到场者热烈鼓掌。主持人宣读主要来宾名单。

（3）奏国歌。此刻需全场起立。必要时，亦可随之演奏本单位标志性歌曲。

（4）进行发言。发言者依次应为举办单位的代表、上级主管部门的代表、地方政府代表、合作单位的代表等。

（5）进行剪彩。在剪彩前，主持人应向全体到场者介绍剪彩者。剪彩时，全体到场者应热烈鼓掌，必要时还可奏乐或放鞭炮。

（6）进行参观。剪彩之后，举办单位负责人应陪同来宾参观，并详细介绍情况。仪式至此宣告结束。随后，举办单位可向来宾赠送纪念品，并可设宴款待来宾。

（三）剪彩人员的礼仪

（1）当主持人宣布开始剪彩之后，助剪的捧花者和托盘者应立即率先登场。登场时，通常应排成一行从仪式台的右侧（以全体到场者面向仪式台的视角为基准）进场。登场后，捧花者均双手捧 1 朵花团站成一排面向全体到场者，托盘者则站在捧花者身后约 1 m 处，并自成一排，如图 7-16 所示。

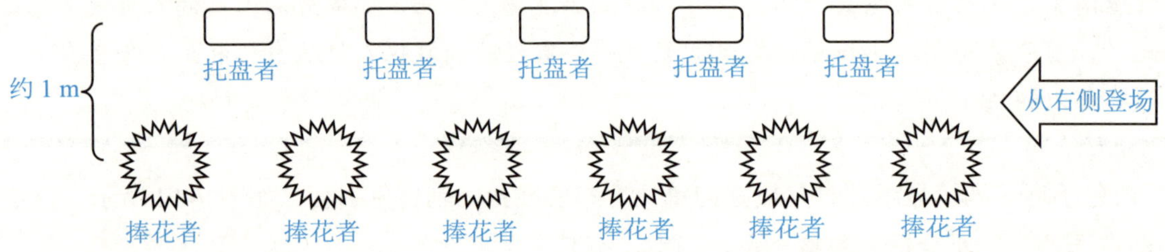

图 7-16　捧花者和托盘者的站立位置

（2）剪彩者应该列队从右侧出场，主剪者要走在前面，由引导者在其左前方引导，使之各就各位。当剪彩者到达既定的位置后，托盘者应上前一步，站在剪彩者的右后侧，为他们递上剪刀、手套，剪彩者应含笑道谢。

（3）开始剪彩时，剪彩者应首先向拉彩者、捧花者示意，待其有所准备后，剪彩者即可集中精力，右手持剪刀，庄重地将红色缎带一刀剪断。若有多人同时剪彩，则各剪彩者应留意其他剪彩者的动作，以使彼此的剪彩动作协调一致，从而同时剪断红色缎带。

（4）剪彩后，剪彩者将剪刀和手套放回托盘，并举手鼓掌。之后，应依次与举办单位负责人握手道喜，并在引导者的引导下从右侧（以全体到场者面向仪式台的视角为基准）退场。

知礼善用

商务合作，携“礼”同行

任务描述

南京华阳公司想要与北京宏达公司商谈代理业务。为此，华阳公司委派销售部经理刘浩带领团队前往北京，与宏达公司进行商谈。而宏达公司则委派销售部经理王峻全权负责此次商谈。

请同学们以小组为单位，分角色扮演华阳公司和宏达公司的人员，模拟其进行代理业务商谈的场景。

任务分组

全班学生以 8～10 人为一组进行分组，各组选出组长并进行任务分工，将小组成员及分工情况填入表 7-1。

表 7-1　小组成员及分工情况

班级		组号		指导教师	
小组成员	姓名	学号	任务分工		
组长					
组员					

任务准备

回忆所学知识，熟悉见面礼仪、交谈礼仪、电话礼仪、接待礼仪、会议礼仪及签字仪式礼仪的要点及运用。

任务实施

按照小组分工开展情景模拟活动，并将具体实施情况记录在表 7-2 中。

表 7-2　实施情况记录表

时间安排	实施步骤
	1．开展小组讨论，创作情景模拟剧本 情景一　双方通过电话约定洽谈时间 情景二　车站迎接 情景三　宏达公司电梯间 情景四　洽谈现场

表 7-2（续）

时间安排	实施步骤
	情景五　签字仪式 情景六　车站送别
	2．布置会议现场及签字仪式现场，准备相关文本
	3．进行个人形象准备
	4．开展情景模拟，并通过视频记录情景模拟全过程
	5．回看视频，了解自己在此次情景模拟中有哪些礼仪运用不到位的地方，并记录在下方
	6．角色互换，再进行一次情景模拟

评价反馈

各组配合指导教师完成如表 7-3 所示的考核评价表。

表 7-3　考核评价表

项目名称	评价内容	分值	评价分数		
			自评	互评	师评
知识、技能考核（60%）	能够在情景模拟中正确地拨打、接听电话，约定洽谈时间	10			
	能够在情景模拟中礼貌进行接待与拜访	10			
	掌握会议礼仪的要点及运用，能够在情景模拟中正确布置会议现场，安排座次	15			
	掌握签字仪式礼仪的要点及运用，能够在情景模拟中正确布置签字仪式现场，并按照程序完成签字仪式	15			
	熟悉视频的拍摄技巧，能够清楚地记录情景模拟全过程	10			
综合素质考核（40%）	积极实施任务	10			
	具备良好的团队合作意识	10			
	善于反思、总结	10			
	情景模拟过程中言行举止大方得体	10			
合计		100			
总评	自评（20%）+互评（20%）+师评（60%）=	教师（签名）：			

嘉言善行

一句承诺，十余年如一日照顾截瘫同事

“有我呢！”11 年前的初春，当重伤的张建诚发觉自己的下肢毫无知觉之时，在无助和恐惧中，他紧紧抓住了同事张忠敏的手。而张忠敏说出的这三个字对张建诚而言，就像坠入黑暗的人，看到了一线曙光。

今年 62 岁的张忠敏是四师七十一团退休职工，为了兑现一句“有我呢”的承诺，十几年来，他像家人一样全心全意照顾高位截瘫的同事张建诚，洗衣做饭，无微不至。2021 年“第二季度兵团好人”评选中，张忠敏获得“诚实守信兵团好人”荣誉称号。

2010 年初春，当时，张忠敏和张建诚还是七十一团电视台的职工，团电视台组织人员铺设线路，张忠敏和张建诚一组，他们要铺设的线路位于七十一团九连老鹿场一带的偏远片区。

“当时，他开车把我送到那个片区的西面，临走时让我等他，说他到东面把线路铺完就过来接我一起回家。”回想起当时的情形，张忠敏说，当他铺完线路，想着张建诚估计也差不多干完活了，但左等右等不见踪迹，打电话也没人接，张忠敏有了一种不祥的预感，赶紧去找张建诚。果真，张建诚出了意外，他从铺设线路的杆子上掉了下来，当场昏迷。

张忠敏赶紧联系医院和单位领导，当张建诚恢复意识的时候，已经在医院了。经查，张建诚的肋骨、脊椎、腿骨等多处骨折。醒来后的张建诚发觉自己下肢无法动弹，且毫无知觉，恐惧中，他紧紧抓住了张忠敏的手。张忠敏对他说：“有我呢！”

经过紧急救治后，张建诚因伤势严重，肚脐以下无知觉，大小便无法自理，更糟糕的是，他的双下肢瘫痪了。由于张建诚的父母双亡，妻子病重，女儿还小，兄弟们又很忙，在医院救治的 4 个多月里，张忠敏一直悉心照顾着张建诚。

“他受伤的时候才四十出头，正是壮年，还是家里的顶梁柱，我既然答应了他，就不能放弃。”张忠敏说，从那以后，他的人生就跟张建诚连接在了一起。

张建诚出院回到家之后，依据医生指导，张忠敏和同事们把他的床改造成了“康复床”。“他不能老躺着，他的上肢还能动，我们就在他床上方支起一个钢管栏杆，吊着挂绳，用来锻炼臂力。”张忠敏说，那段时间，张建诚就像一个婴儿，一切都要重新学。

由于张建诚需要定时翻身，但他病重的妻子无法承担这项工作，张忠敏即使在上班期间，也不忘每隔一两个小时就跑到张建诚家查看照顾，不仅照顾张建诚，还照顾他的妻子，这让张建诚感到无比愧疚。

祸不单行的是，在张建诚出事 2 年后，他的妻子病逝了。张建诚的情绪越来越差，常常流露出轻生的念头。有一回，张建诚突然告诉张忠敏，说想去河坝看风景，央求张忠敏帮他把轮椅搬出家门，警觉的张建诚发觉不对劲，连续开导了他好几天。

多年来，为了照顾张建诚，张忠敏不敢出远门，即使出差，最多一天，他就赶紧回来，生怕张建诚会有什么意外。

为了帮张建诚早日“自立”，张忠敏把张建诚的家里进行了改造，灶台低了，桌椅低了、所有的物件都降到了张建诚坐在轮椅能接触到的高度，在张忠敏手把手地传授下，张建诚还能独立完成炒菜做饭。

一句承诺，张忠敏已经坚持了十一年。如今他一直在照顾张建诚，锻炼生活技能，春夏秋冬，从不间断。

参考文献

[1] 刘娟，田静，冯宝贵．新编现代礼仪实用教程［M］．2 版．北京：航空工业出版社，2018．

[2] 王红日，孙秀娟，赵蓉．礼仪规范教程［M］．北京：航空工业出版社，2017．

[3] 左攀峰．现代礼仪与实训［M］．北京：航空工业出版社，2016．

[4] 李贻玲，王明亮．新编现代礼仪规范模块化教程［M］．北京：机械工业出版社，2015．

[5] 李建峰，董媛．社交礼仪实务［M］．3 版．北京：北京理工大学出版社，2014．

[6] 林玉琼，梁利苹，黄碧雁．社交礼仪［M］．镇江：江苏大学出版社，2014．

[7] 卢新华，康娜．社交礼仪［M］．北京：北京大学出版社，2012．

[8] 董乃群，刘庆军．社交礼仪实训教程［M］．北京：清华大学出版社，北京交通大学出版社，2012．

[9] 金正昆．社交礼仪［M］．北京：北京联合出版公司，2013．

[10] 张岩松．实用社交礼仪［M］．北京：化学工业出版社，2021．

[11] 袁涤非．现代礼仪［M］．北京：高等教育出版社，2020．

[12] 罗元浩，孟祥越．人际沟通与社交礼仪［M］．2 版．北京：清华大学出版社，2020．

[13] 胡成富．社交礼仪［M］．2 版．北京：中国财政经济出版社，2021．